LE COURAGE DE SE LIBÉRER

« Espaces libres »

PETER ET PENNY FENNER

LE COURAGE DE SE LIBÉRER

Traduit de l'anglais
par Gisèle Gaudebert et Véronique Massin

Préface du docteur Jean-Marc Mantel

Albin Michel

Albin Michel
▪ Spiritualités ▪

Collections dirigées
par Marc de Smedt et Jean Mouttapa

Titre original :
BOUNDLESS FREEDOM

22, rue Huyghens, 75014 Paris

www.albin-michel.fr

ISBN : 2-226-13084-5
ISSN : 1147-3762

Ce livre est dédié à la présence vivante et à l'inspiration sans pareille de Bhagwan Sri Sathya Sai Baba. Il est également dédié à la mémoire de notre ami bien-aimé Yvan Amar, qui sera toujours pour nous une source d'inspiration authentique. Il a vécu jusqu'à son dernier souffle dans l'amour de la vérité. C'est grâce à cette ardeur, à son amour et au soutien qu'il nous a apporté dans notre travail que cette édition française a été possible. Que son être de lumière continue à inspirer en d'autres un amour infini pour la vérité.

Préface

Grâce au travail remarquable de Peter et Penny Fenner, vous trouverez dans cet ouvrage une magistrale synthèse des formes les plus abstraites de la sagesse non duelle, dans un langage accessible à l'esprit occidental, dépouillé de connotations religieuses ou traditionnelles.

Le stress et l'anxiété sont l'un des défis dominants de notre civilisation. Les outils psychologiques et psychiatriques conventionnels apportent une réponse qui n'est adaptée que jusqu'à un certain point.

La question de la nature de la quête humaine n'est généralement pas abordée par ces approches, relativement linéaires, n'intégrant pas la dimension verticale transcendante.

L'une des particularités du travail proposé par Peter et Penny est la mise à nu des désirs contradictoires qui émaillent la vie ordinaire de conflits et de souffrances.

Le « je veux être cela » et le « je ne veux pas être cela » sont deux aspects de ces désirs conflictuels qui limitent l'adaptation au caractère naturellement fluide et changeant des situations. La vision de ces tensions opposées est par elle-même libératrice.

Évitant avec un art consommé le rejet ou l'approbation, Peter et Penny proposent ici une approche qui invite à l'expérience directe d'une dimension d'être non affectée par les circonstances et les situations.

Parallèlement à un exposé théorique sont ici posées les bases d'une psychologie radicale, ne faisant pas appel à la compréhension intellectuelle, mais à l'expérience de la vision directe.

L'éveil à la présence n'est pas le résultat d'un effort tendu vers un but, mais le fruit de l'élimination des projections mentales et émotionnelles.

À ce titre, la qualité de présence de Peter et Penny vient confirmer leur compréhension des mécanismes subtils d'identification et faciliter l'accès à un espace libre omniprésent au sein duquel le manque et la frustration viennent se dissoudre à la manière d'un sucre dans l'eau.

Nous sommes reconnaissants aux auteurs d'offrir au monde occidental une telle synthèse des enseignements bouddhistes et de connaissance de soi, qui ne se réfère pas à la tradition mais à ce que chacun peut trouver au cœur de lui-même.

Un hommage est ici rendu à la présence intemporelle qui échappe à toute tentative de préhension et se révèle dans l'abandon et l'acceptation.

Nous ne pouvons que souhaiter que de telles perspectives viennent transformer la thérapie moderne par la force et l'inspiration de la sagesse.

Dr Jean-Marc Mantel
Fondateur de l'Association internationale
de psychiatrie spirituelle

Introduction

Nos modes de vie devenant de plus en plus complexes, l'intérêt pour le développement personnel et spirituel a grandi de façon exponentielle au cours des trente dernières années en Occident. Chaque année, de plus en plus de personnes rejoignent un mouvement promettant la croissance personnelle, le contentement intérieur et/ou la liberté spirituelle, dans l'espoir de trouver le bonheur et la félicité malgré la pression imposée par une vie trépidante où abondent des obligations de toutes sortes.

Nombre d'entre nous se sont activement engagés dans l'un de ces programmes ou l'une de ces traditions. D'autres ont attentivement observé, attendant de trouver une approche qui conviendrait à leurs aspirations et à leur tempérament.

Plus le désir d'une vie meilleure se développe, plus l'éventail des stages, des enseignants et des méthodes s'élargit. Il existe littéralement des milliers de stages promettant d'améliorer la qualité de notre vie. Les enseignants foisonnent, sur toute une série de traditions ; certains offrent des approches qui relient l'Orient et l'Occident, d'autres proposent la version d'origine de telle ou telle école spirituelle, psychologique ou philosophique.

La palette et la complexité des options ainsi offertes ont été utiles à maints égards ; de nombreuses personnes qui, sans cela, n'auraient pas eu l'occasion de développer leur potentiel ont ainsi eu la possibilité de grandir, d'apprendre et d'instaurer une vie plus satisfaisante. Mais cette pléthore a également engendré un certain désarroi. L'immense diversité des propositions et la nature parfois outrée de leurs promesses de bonheur et de libération ont eu pour effet d'en désorienter et décevoir beaucoup d'autres. Que ce soit aux États-Unis, en Europe, en Australie ou en Israël, où nous nous rendons régulièrement pour animer des stages, nous avons rencontré de nombreuses personnes s'avouant profondément déçues par les pratiques qu'elles avaient adoptées, ne sachant plus vers quoi se tourner ou à qui se fier.

Vous vous demandez donc peut-être en quoi ce livre, *Le Courage de se libérer*, se distingue des dizaines d'autres qui viennent rejoindre chaque semaine les rayons « Bouddhisme et hindouisme », « Spiritualité », « Psychologie », « New Age » ou « Développement personnel » des librairies.

Cet ouvrage paraît à une époque où beaucoup se demandent si les approches et techniques existantes sont vraiment aptes à créer le bonheur vrai et durable qu'elles promettent. Cette remise en question n'a rien de superficiel, car ceux qui perçoivent ces limites ont dans bien des cas pratiqué avec zèle et détermination, pendant vingt ou trente ans, voire davantage, toute la variété des méthodes de développement personnel et transpersonnel.

Si le paradigme en vigueur a ouvert de nouvelles possibilités d'accroître le bonheur et le bien-être, il a également rejeté d'autres voies et perspectives constituant d'authentiques sources d'harmonie et de santé intérieures. En conséquence de quoi, nous assistons aujourd'hui à l'émergence d'une nouvelle approche de la spiritualité et de la quête de la liberté.

Le Courage de se libérer reflète cette redécouverte d'une vision intemporelle dans un environnement culturel nouveau. Fondé sur ce qui constitue l'essence des enseignements orientaux, à savoir que le vrai bonheur s'acquiert par un processus naturel et harmonieux, cet ouvrage brise les postulats qui sous-tendent les méthodologies actuelles de développement personnel et spirituel.

Les postulats des méthodologies actuelles

La plupart des postulats qui sous-tendent les méthodologies et les pratiques actuelles reflètent des croyances que nous autres humains avons inventées il y a des milliers d'années afin d'assurer notre survie et notre bien-être. Voici quelques-unes de ces croyances :

- Nous pouvons gérer et maîtriser ce que nous vivons.
- Nous pouvons décider de nos actes.
- Le passé affecte le présent.
- Les expériences de l'enfance contribuent à façonner notre personnalité.
- Le changement requiert des efforts et de l'application.
- L'avenir peut être meilleur que le présent.

Les mouvements ayant trait au potentiel de l'homme et à son développement personnel ont eu pour principal effet d'entériner et de renforcer ces croyances ainsi que d'autres. Ils se sont approprié ces croyances, puis les ont stimulées au nom de la plénitude de l'être humain. Une multitude de livres et de stages nous apprennent ainsi à « contrôler nos pensées », « gérer notre vie », « créer ce que nous désirons », « éradiquer les expériences négatives de l'enfance » ou « remplacer les croyances négatives par des croyances positives ».

Sans rejeter ces enseignements, nous nous permettons cependant de douter de la portée et de la valeur d'approches qui excluent explicitement les croyances autres que les leurs. Nous doutons de l'aptitude de ces méthodologies à répondre totalement à la souffrance, au stress et au conflit, si fréquents dans nos existences.

Ce que le nouveau paradigme remet en question, ce sont justement ces croyances et celles qui leur sont liées. Nous allons donc brièvement examiner les types d'aveuglement que celles-ci peuvent engendrer. Les observations qui suivent sont proposées dans l'intention de faire apparaître, et donc transcender, les limitations de chaque système de croyances — tout comme nous vous encourageons, cher lecteur, à déceler tout aveuglement qui existerait dans notre propre travail.

Le besoin de maîtriser les choses

Le besoin de maîtriser les choses touche tous les aspects de notre existence. Aucun domaine de notre vie n'échappe à nos efforts pour influencer, manipuler ou diriger. Nous nous ingénions sans cesse à régir nos relations, notre carrière, nos pensées, nos sentiments et le monde matériel. Nous essayons de modifier notre expérience par l'alcool, la drogue, la religion, la méditation, les distractions, le sexe, ou encore en participant à divers stages. Nous cherchons à régenter nos employés, nos élèves, nos enfants — ainsi que nos autres relations, mais par des moyens plus sophistiqués, plus subtils. Nous tentons d'influencer notre carrière en entretenant certaines amitiés. Parfois, nous essayons d'influencer nos clients ou de modeler l'opinion publique en engageant des spécialistes des relations publiques.

Que ce soit de manière évidente ou voilée, nous nous évertuons à maîtriser notre existence et ses diverses composantes. Nous nous employons sans cesse à modifier la réalité pour qu'elle se conforme à nos idéaux et à nos attentes. Nous écartons adroitement les expériences qui ne nous conviennent pas et nous ingénions à créer celles que nous désirons.

Si nous avons rejoint l'une des traditions orientales, comme par exemple le taoïsme, nous essaierons parfois d'influencer notre vie en renonçant au besoin de gouverner chaque domaine et facette de notre vie. Mais, même là, notre « lâcher-prise » a un but. C'est une stratégie, une méthode visant à produire une vision de la vie plus détachée et plus confortable.

Ce besoin étant profondément enraciné, la plupart des méthodes que nous concevons et utilisons — et cela est on ne peut plus logique — viennent l'alimenter, en nous enseignant des manières « plus efficaces et plus puissantes » de gérer et maîtriser notre vie.

Cependant, le besoin de constamment s'organiser afin de créer un environnement approprié est souvent fatigant, voire épuisant. De peur de nous égarer et de perdre notre autonomie, il nous faut rester aux commandes, tout maintenir en ordre et sous contrôle. Mais le fait de gérer, d'organiser et d'influencer produit ses propres souffrances et conflits.

Changer pour changer ?

Autre croyance sur laquelle un accent tout particulier a été placé ces dernières années : le changement posséderait une valeur en soi. Exploitant une croyance selon laquelle le changement est inéluctable, de nombreuses méthodes — tant anciennes que nouvelles — enseignent en effet que nous souffrons parce que nous refusons le changement. On nous dit que si nous acceptons le changement, en nous-même et chez autrui, nous serons plus heureux. On nous apprend à accepter que « la seule constante qui existe est le changement ». Mais on n'en reste pas là. On nous invite à nous attaquer à notre peur du changement en apprenant *comment* changer. On nous presse de « sortir de la zone de confort ». Et bientôt, nous nous retrouvons à « accueillir » le changement comme un défi dressé dans le seul but que nous en triomphions. Puis nous allons encore plus loin. Nous nous mettons à le rechercher. Nous cherchons à accomplir ce dont nous sommes incapable pour l'instant. Le mot « changement » a maintenant quelque chose d'attirant. Très vite, nous voilà sans cesse à l'affût d'un « progrès capital » ou à rechercher l'expérience qui va, à nouveau, nous « décoiffer ». Si nous ne progressons pas, si nous ne constatons aucun changement d'une année sur l'autre, nous nous formons de nous-même une image négative — laquelle nous prouve bien que nous devons changer !

En l'absence d'un flux continu de nouvelles expériences, nous commençons parfois à nous ennuyer, à nous résigner et à nous sentir frustré. Nous en arrivons même à perdre notre faculté d'apprécier les changements plus simples et plus modestes qui ne cessent de se produire dans nos pensées, dans nos sentiments et dans l'univers. La danse des papillons dans l'herbe ou la caresse d'une brise légère sur notre peau sont noyées sous le besoin d'une stimulation radicale.

Nous vivons non pas dans une ouverture et une liberté véritables mais dans la contraction. Sans cesse à l'affût de quelque chose de différent, nous cherchons sempiternellement à modifier nos expériences au lieu de simplement les vivre telles qu'elles se présentent. Et ce faisant, nous perdons notre faculté innée d'être pleinement présent, d'instant en instant, à ce que nous sommes et à ce qu'est la vie.

Au lieu de devenir libre, comme nous le souhaitions au départ, nous ne faisons qu'accumuler un peu plus d'histoires sur ce que nous sommes, d'où nous venons et ce vers quoi nous allons. Notre besoin d'un ailleurs différent laisse un arrière-goût d'insatisfaction, de tension et, à la longue, le sentiment de nous être perdu. Nous devenons l'acteur d'un jeu impossible — nous répétant que nous *pouvons* être complet et parfait, mais à condition d'être différent de ce que nous sommes maintenant.

Pourtant, de nombreuses techniques encouragent cette *poursuite* du changement. Elles favorisent la croyance transparente, ou non consciente, que pour avoir accès à la plénitude, à la paix et à l'harmonie il faut changer quelque chose. Nous tombons dans le piège qui consiste à rechercher le changement pour le changement, perdant ainsi de vue ce que nous recherchons réellement. Nous créons des méthodes laissant entendre que, si les choses étaient différentes, si nous acquérions tel ou tel nouveau talent, nous serions plus heureux.

Nous avons tellement pris l'habitude de penser que nous devons changer que nous avons atteint un stade où il est difficile de nous *extraire* de ces croyances et de nous demander avec un esprit neuf : « Quelle est la cause réelle du stress et du conflit, et comment puis-je connaître une existence profondément et authentiquement satisfaisante ? »

Les limites des méthodes

Comme nous l'avons déjà observé, nous avons le réflexe automatique de prendre les rênes de notre expérience — comme si nous conduisions une voiture : quand nous prenons plaisir à ce que nous faisons, nous essayons de ralentir le cours des choses, appuyant sur les freins pour prolonger ces moments agréables ; lorsque nous n'aimons pas ce qui nous arrive, nous nous efforçons d'accélérer afin de parvenir plus rapidement au terme de l'expérience ; nous négocions les virages de nos émotions. Bref, nous avons inventé tout un arsenal de techniques pour exercer notre contrôle sur la teneur et l'intensité de ce que nous vivons.

Ainsi disposons-nous d'une batterie de méthodes pour refouler et éviter les émotions que nous préférons ne pas ressentir (telles la peur, la vulnérabilité, la colère) et pour accroître celles qui nous plaisent (telles la joie, la sérénité, la confiance en soi). Les approches traditionnelles proposent à cet égard les danses et les musiques rituelles, la sexualité, les substances psychotropes, la prière, les exercices de yoga et diverses pratiques de méditation telles que la concentration sur le souffle ou la récitation de mantras. Les approches contemporaines ne sont pas en reste : identification à diverses croyances positives, visualisation, musique d'atmosphère, tenue d'un journal intime, catharsis, travail sur la respiration... Certes, ces méthodes produisent des changements. Nombre d'entre elles peuvent effectivement nous garantir une transformation rapide et radicale de nos émotions et de nos pensées.

Toutefois, le recours à des méthodes utilisées par stratégie et agissant de façon mécanique sur nos émotions et nos pensées comporte aussi des limites.

Dès qu'une méthode est utilisée — quelle qu'elle soit — se pose la question de savoir comment nous allons gérer sa mise en pratique. Tout d'abord, nous devons déterminer quelle est pour nous la bonne méthode, ou la meilleure. Puis nous devons établir si nous l'utilisons correctement. Il nous faut examiner comment nous nous y prenons pour l'appliquer, essayer de juger de son efficacité et décider alors du bon moment et de la bonne manière d'y avoir recours. Et nous devrons la pratiquer encore et encore jusqu'à ce qu'il devienne « naturel » de nous souvenir d'y faire appel lorsque la situation l'exige. Si nous utilisons plusieurs méthodes issues de traditions différentes, il nous faudra aussi déterminer si elles sont compatibles.

Lorsque notre contentement dépend de techniques et de stratégies, nous devons sans cesse évaluer notre situation et décider de ce qui vient ensuite. Ainsi ces techniques censées nous ouvrir à des dimensions plus enrichissantes de l'existence peuvent-elles avoir l'effet contraire en nous absorbant en permanence en elles.

Nous risquons en outre de ne pas voir à quel point les méthodes formelles nous *conditionnent*, amoindrissant notre spontanéité et notre liberté. Plus nous *adaptons* notre comportement afin de le rendre conforme aux pratiques que nous avons choisies, plus nous nous conditionnons à y avoir recours. Avec le temps, nous en venons à nous reposer sur ces techniques apprises et à en être dépendant.

Agissant comme des filtres entre ce que nous vivons et ce que nous aimerions vivre, ces méthodes peuvent interférer avec l'évolution naturelle et organique de notre vie. Elles renforcent le schisme entre ce que nous sommes et ce que nous vivons. Elles peuvent aussi nous limiter, en réduisant le champ des expériences que nous sommes en mesure d'assimiler. Certaines techniques nous blinderont contre une rencontre à découvert avec diverses émotions. En faisant appel à elles, nous risquons de ne plus apprécier les aspects spontanés et non structurés de la vie, de masquer une source plus naturelle d'harmonie intérieure qui transcende l'emploi de méthodes techniques et stratégiques.

Les opinions que nous venons d'exprimer ne rejettent pas l'emploi de techniques spécifiques pour provoquer un changement. Elles font simplement remarquer que les méthodes peuvent avoir un effet à la fois positif et négatif sur l'instauration d'une vie en intelligence avec ce que nous présente l'existence, à la fois favoriser et entraver l'apparition d'une approche de la vie plus naturelle et plus satisfaisante.

Aveuglé par notre quête

Notre besoin de rechercher un sens et un but constitue un autre schéma de croyance et de comportement encouragé par de nombreuses méthodologies contemporaines.

Nous avons un besoin irrépressible de comprendre et d'expliquer pourquoi nous sommes ce que nous sommes. Nous recherchons des causes à notre conduite, à nos émotions, à nos forces, à nos faiblesses et à nos préjugés. Nous tentons d'évaluer l'influence de notre enfance, de notre éducation, des problèmes de nos parents, de nos vies antérieures... et *tutti quanti*.

Nous passons notre temps à vouloir diriger notre vie en fonction de notre passé et de ce que nous attendons de l'avenir. Nous nous identifions aux histoires riches de sens que nous nous racontons sur ce que nous sommes, sur nos actions passées et sur notre destination future présumée. Nous élaborons toutes sortes de théories et d'interprétations pour expliquer pourquoi les choses sont comme elles sont. Quoi qu'il se produise, nous en recherchons le sens caché.

Cette création d'un sens et d'un but vise aussi à nous procurer une carotte qui nous incitera à continuer d'avancer. Nous parlons du sens de notre vie comme s'il existait réellement pour chacun une carrière et un chemin de vie à découvrir et à adopter. Nous courons après le véritable sens de notre vie. Que nous nous tournions vers le dedans, en cartographe de l'espace intérieur, ou que nous nous consacrions à l'instauration d'une civilisation éclairée, nous nous laissons séduire par le romantisme qu'il y a à être un vrai chercheur, en route pour la liberté.

Si nous n'avons pas une nouvelle « médaille » — une perception importante, un progrès majeur — à rapporter de nos dernières aventures, nous nous sentons en manque. Nous nous mettons donc en quête du nouveau stage que nos amis n'ont pas encore essayé, d'un nouveau *guru*, d'une nouvelle pratique, d'une plus haute initiation, d'une plus grande paix, d'une plus grande acceptation. Ou bien, si nous nous croyons plus évolué et plus avancé sur le chemin, nous allons rechercher l'instant présent — comme s'il s'agissait d'une chose qui pouvait être trouvée et expérimentée. Et si nous nous *efforçons* d'être satisfait de ce que nous possédons déjà, c'est avec un relent de résignation.

Cette quête d'un sens et de la plénitude peut très facilement nous couper de l'instant présent. Nous nous retrouvons à rechercher une chose dont nous savons qu'elle n'est pas là, mais nous poursuivons notre quête comme si elle devait y être. Cela s'applique à tous les domaines de notre vie. Dans nos relations affectives, nous attendons de notre partenaire qu'il se montre toujours aimant, sensible et attentionné. Dans notre métier, notre travail, nous nous comportons comme si le contentement et la récompense nous étaient constamment dus. Nous vivons dans l'attente que la vie nous donne plus que ce que nous avons dans le moment présent. Pourtant, notre quête de quelque chose qui n'est pas là et notre attente d'une vie différente constituent justement les barrières qui nous empêchent de connaître en ce moment même le contentement et la plénitude absolue.

Nous finissons inéluctablement par être aveuglé par notre quête — et ne nous rendons pas compte qu'il suffirait de véritablement cesser de chercher pour voir ce que nous recherchons.

Il nous manquerait quelque chose

Un dernier postulat sous-jacent pousse bien des personnes à chercher à accroître leurs capacités afin de connaître la plénitude : la croyance que cette plénitude dépend de l'acquisition de quelque chose, une « chose » ineffable et indéfinissable. Ce sera peut-être la connaissance, la sagesse, un savoir-faire, une faculté, une expérience ou une façon d'être... peu importe ; tant que nous n'aurons pas acquis cette expérience ou cette compréhension, nous ne pourrons pas, pensons-nous, connaître la plénitude parfaite. Tout en pressentant que cette « chose » est insaisissable et inexprimable, nous n'en restons pas moins persuadé que, si nous lisions le bon livre, si nous trouvions le bon instructeur ou si nous suivions le bon stage, nous trouverions le bonheur.

Il est indubitable que nous pouvons acquérir, et acquérons, au cours de notre vie de précieuses expériences et facultés qui aident à mieux gérer et assumer les exigences de l'existence. Mais nous nous posons rarement la question de savoir s'il existe une quelconque expérience ou faculté apte à réellement combler nos espoirs de sérénité et de plénitude. Nous trouvons désagréable, voire absurde, l'idée que nous n'avons pas besoin d'acquérir quoi que ce soit pour être heureux et complet. Nous rejetons la possibilité qu'il n'y ait rien qui puisse nous apporter enfin — une fois pour toutes — la plénitude. Nous ne pouvons même pas tenter l'expérience d'aborder la vie avec la notion qu'il n'y a rien d'*autre* à acquérir, pas même la compréhension de ce que cela signifie.

Au lieu de cela, nous persistons à croire qu'il existe une qualité, une expérience ou une faculté particulière qui comblera tous nos besoins. Et ainsi continuons-nous de souffrir et d'entretenir le stress engendré par notre quête même.

À propos de ce livre

L'approche décrite dans cet ouvrage est très différente des méthodes et techniques proposées au cours des trente ou quarante dernières années. Elle se fonde en effet sur la compréhension que la sérénité et l'harmonie intérieure apparaissent lorsque nous sommes véritablement ouvert et présent, instant après instant, au flux de ce que nous vivons. En nous reliant à la nature toujours neuve et vierge de chaque nouvel instant, nous transcendons la limitation induite par la croyance que nous devons nous transformer pour trouver la plénitude.

En tant qu'auteurs de ce livre, nous sommes à cet égard tout particulièrement redevables aux cultures orientales dans lesquelles nous sommes activement engagés depuis près de trente ans. Ces sages orientaux ont découvert et perfectionné tout un éventail d'approches profondes et naturelles pour développer envers la vie une attitude plus directe et plus souple. En essence, ces philosophies nous apprennent une culture de la sagesse et de la compassion qui n'a rien à voir avec l'élaboration de techniques complexes visant à modifier notre manière de penser et d'agir. Les approches enseignées dans des philosophies telles que le taoïsme et le Dzogchen sont naturelles et simples. Leurs pratiques reflètent les chemins naturels fréquentés par quiconque vit un état de liberté et de présence véritables.

Il s'ensuit que, plus la présence grandit et plus la conscience s'aiguise, plus les *méthodes* visant à accroître notre lucidité et réduire notre tension passent à l'arrière-plan. Les procédures et les approches employées dans ces philosophies pratiques sont simplement, pourrait-on dire, des expressions de ce qui se passe *naturellement* toutes les fois que nous résolvons authentiquement la tension et le conflit au lieu de les tenir à distance, soit par un acte de volonté, soit en les occultant.

Ce livre puise dans la sagesse essentielle issue de plusieurs siècles de recherche pratique de la source de la félicité intérieure et la présente sous une forme simple, pleinement accessible à nos mentalités et modes de vie modernes.

Il s'appuie sur la prise de conscienc
connaissons une réelle liberté lorsque n
plus besoin de fuir ce que nous vivons. Dès lo
que nous sommes authentiquement présent à une expérience, sans ressentir aucun besoin d'en magnifier ou restreindre la qualité ou la texture, nous jouissons immédiatement d'un état d'être sans pareil, vaste et libérateur — ce qui est somme toute logique, car le besoin de fuir ou de nier nos pensées, nos émotions ou nos perceptions induit systématiquement en nous le sentiment d'être emprisonné, à l'étroit.

Ce que nous nommons « liberté infinie » (*boundless freedom*) se démarque radicalement des formes de liberté conditionnelles. La liberté conditionnelle est celle que nous éprouvons quand la vie s'accorde temporairement à nos désirs. C'est une forme de liberté limitée, car elle doit son existence au fait que nos circonstances intérieures et extérieures correspondent à nos souhaits.

La liberté infinie est au contraire celle qui nous permet de vivre pleinement tout ce que la vie nous offre, sous quelque forme que ce soit, indépendamment de nos aspirations et souhaits personnels. Elle est aussi une expérience de simple présence. C'est un vécu où ce qui est est pleinement accueilli — ce qui n'est pas la même chose que se tenir face aux expériences de la vie. C'est plutôt un état d'être, entièrement ouvert et vaste, qui, de par sa nature même, est dénué de toute souffrance et tout conflit. C'est un état de conscience et de sérénité totales, dans lequel on ne résiste pas à l'expérience ni ne l'intensifie. C'est en cela un état dans lequel nous sommes conscient, détendu et apte à accueillir pleinement toutes les expériences, émotions et pensées sans les déformer ou ressentir le besoin de les fuir.

Première partie — Création et dissolution de la souffrance

La première partie de ce livre étudie le stress, ou souffrance, dans la vie d'aujourd'hui. Nous remontons à la source même où naît le stress, offrant une interprétation moderne de cette souffrance qui de tout temps a été le lot des hommes de toutes les cultures.

Nous expliquons comment nous nous sommes coupé de notre source de liberté non conditionnée. Nous montrons comment la souffrance est inextricablement liée à nos *croyances* sur nous-même, sur nos expériences, sur notre monde. Nous examinons le processus au cours duquel les croyances commencent par se former en paires d'opposés, puis se séparent afin d'être distinguées les unes des autres et finissent par être totalement déconnectées. Vous découvrirez ainsi que ce sont nos *croyances opposées* et les conflits qu'elles suscitent qui sont à l'origine de notre souffrance, de notre stress et de notre tension.

Au moyen de divers exercices, nous vous proposons de découvrir par vous-même combien les croyances conflictuelles sont omniprésentes dans notre vie, nous influençant quotidiennement de façon patente ou plus subtile. Nous étudions le rôle joué par nos croyances superficielles et profondes dans notre manière de penser, façonnant notre réalité et notre expérience de « ce que sont les choses ». Nous présentons là aussi des exercices destinés à nous aider à reconnaître les croyances superficielles et profondes qui nous animent. Nous pourrons alors commencer à mieux mesurer combien ces croyances servent à maintenir notre sentiment de séparation et notre stress, nous interdisant ainsi de vivre dans la présence et la liberté.

Nous expliquons comment l'expérience de la liberté infinie se cultive en harmonisant les croyances conflictuelles spécifiques qui engendrent la souffrance et le conflit. Là, nous découvrirons comment ces limitations et conflits peuvent être organiquement harmonisés, au niveau de base même d'où émanent la souffrance et le conflit.

Nous présentons également une pratique puissante permettant de nous affranchir naturellement des croyances qui nous limitent : « l'ouverture naturelle », qui dissout la souffrance au niveau même où elle se crée.

Deuxième partie — Notre relation au « savoir »

Cette deuxième partie explore le rôle que la connaissance et le « savoir » jouent dans notre vie. Nous expliquons comment notre besoin de savoir — associé à la croyance automatique que « nous savons déjà », « nous pouvons savoir et savons ce qui est vrai » — nous limite et nous interdit de jouir d'un espace intérieur et de la liberté.

Nous avons généralement tendance à douter de notre capacité de pouvoir fonctionner avec efficacité et de connaître la plénitude si nous ne savons pas qui nous sommes et ce que nous devrions faire. Ne rien présupposer et ne disposer d'aucun cadre de référence peut s'avérer dérangeant, voire effrayant. Nous indiquons donc comment accroître notre aptitude à fonctionner dans des situations ambiguës, n'offrant aucun point de référence fixe. Il s'agit là d'un outil capital pour développer une ouverture et une acceptation véritables.

Nous examinons notre propension à présupposer que nous savons distinguer le vrai du faux. Nous montrons de façon systématique combien nous nous fourvoyons en tenant pour acquis que ce que nous pensons ou croyons reflète la réalité telle qu'elle est. Nous proposons là encore des exercices qui vous permettront de creuser sous la surface de vos pensées automatiques, vous invitant ainsi à vous ouvrir de plus en plus à une expérience non conditionnée par le *besoin* de savoir.

Troisième partie — Les phases de croissance

Dans la troisième partie de ce livre, nous examinons les cinq phases de croissance pouvant être vécues sur le chemin conduisant à la présence, ou liberté infinie.

Ces phases suivent le renversement du processus par lequel les croyances se forment, se séparent et finissent par se déconnecter. Elles correspondent à un mouvement au sein duquel les croyances conflictuelles retournent à une source indifférenciée de non-dualité, décrite dans la sixième et dernière phase intitulée « présence ».

Chacune des cinq premières phases représente une fixation particulière, c'est-à-dire la façon dont nous entretenons notre expérience présente, assurant sa solidité et nous maintenant éloigné d'un vécu de non-dualité, ou unité.

Chaque chapitre décrit les attributs clés de la phase concernée. Nous proposons à la fin des cinq premiers chapitres un certain nombre de pratiques permettant de neutraliser la fixation propre à cette phase. Ces pratiques sont destinées à rétablir notre lien avec ces aspects de nous-même dont nous nous sommes déconnecté ou auxquels nous nous sommes suridentifié.

Le dernier chapitre décrit l'indescriptible : l'état de présence et les qualités paradoxales qui distinguent cette expérience. Nous y présentons la possibilité de vivre un état d'ouverture véritable qui ne requiert aucune artifice, aucune manipulation de notre expérience. Nous montrons ainsi que cet état ne peut pas être cultivé par un acte de volonté ou un effort, mais qu'il survient simplement lorsque nous oublions tout effort, même celui de vouloir lâcher prise, nous abandonnant à un espace d'être où il n'existe rien à saisir, rien à s'approprier et, ultimement, pas même la moindre chose à abandonner.

Quatrième partie — La pratique et au-delà

Dans ce dernier chapitre, nous étudions de près le rôle joué par la pratique dans notre vie, et combien nous pouvons ne pas voir la relation que nous entretenons avec elle. Notre engagement routinier dans la pratique peut devenir une telle habitude que nous cessons de nous interroger sur le véritable objectif ou la véritable valeur de la pratique à l'égard de notre progression sur le chemin. C'est pourtant cet aveuglement même qui peut perpétuer la souffrance que nous cherchons à atténuer.

Nous examinons le rôle que peut jouer la pratique pour réactiver une expérience de plénitude ou de présence. Nous offrons plusieurs suggestions pratiques pouvant être appliquées lorsque nous sentons que cet état d'ouverture et de liberté s'est de quelque façon évanoui ou dilué. Nous montrons également comment, à terme, la pratique se dissout et cesse de constituer une pratique lorsque nous sommes pleinement ouvert et relié à notre vraie nature, à notre « être » véritable. Nous révélons ainsi l'état de conscience non conditionnée que chacun de nous peut connaître, au sein duquel la pratique cesse de constituer une méthode pouvant être utilisée ou rejetée.

Appendice — Sources

Cet appendice offre un résumé des sources qui ont inspiré notre travail. Bien que nous ne nous référions que de façon fugace aux philosophies spirituelles orientales dans le livre même, notre travail est construit sur les grandes révélations autour desquelles s'articulent les traditions bouddhistes de la Plénitude totale (Dzogchen) et de la Voie du Milieu (Madhyamaka). Cet appendice précise les liens les plus importants avec ces traditions.

Nous formons le vœu qu'en lisant cet ouvrage et en pratiquant les exercices proposés vous découvriez votre faculté innée et toujours présente d'abandonner sans effort les croyances qui vous limitent. Ainsi rejoindrez-vous la lignée des êtres innombrables qui ont vécu les formes conditionnelles de liberté et les ont dépassées.

Peter et Penny Fenner

PREMIÈRE PARTIE

CRÉATION ET DISSOLUTION DE LA SOUFFRANCE

1.

Qu'est-ce que le stress ?

Notre société toujours pressée, marquée par une compétition permanente, manifeste entre autres symptômes une tendance à mener des vies affairées et compliquées s'attachant davantage aux résultats qu'à l'appréciation de l'instant présent. Ainsi tendons-nous à vivre pour l'avenir, anticipant et organisant nos prochaines activités, ou à nous enfermer dans le passé, ruminant ce qui s'est mal passé ou souhaitant que les choses se soient déroulées autrement.

À notre faculté d'être pleinement présent — à nous-même, à notre famille, à notre conjoint ou à nos clients — se substitue un besoin permanent de rectifier le passé et d'organiser l'avenir. Bien souvent, nous ne sommes tout simplement pas « là » pour nous occuper du présent et pour l'apprécier. À un niveau ou à un autre, nous souffrons — et cela, parce que nous sommes stressé. Nous nous sentons pressuré par les exigences auxquelles sont soumis notre temps et nos ressources, déchiré face aux différentes options qui s'offrent à nous, ne sachant laquelle choisir. Associant dans notre esprit stress et réussite, il nous arrive même de penser qu'il nous faut être stressé pour atteindre nos objectifs.

Qu'est-ce donc que le stress ? Le stress est une expérience que chacun de nous connaît, et qui est généralement peu de notre goût. Souvent, lorsque nous en parlons, nous disons que nous sommes « sous pression », considérant que cette pression est imputable à de nombreuses sources. Nous en rendons ainsi responsables :

- d'autres personnes ;
- les obligations qui nous incombent, professionnelles ou privées ;
- les ressources dont nous disposons, comme par exemple trop peu ou trop d'argent, trop peu ou trop de temps ;
- les conditions matérielles telles que le lieu où nous vivons ou notre état de santé.

Lorsque nous pensons au stress, il est très facile de nous focaliser sur les circonstances extérieures : notre travail, nos relations, nos enfants, etc. Mais si la tension était réellement provoquée par quelque chose qui nous est extérieur, tout le monde aurait les mêmes réactions face aux mêmes situations « stressantes » — ce qui n'est pas le cas. La même situation qui engendre une énorme tension chez une personne peut n'induire qu'un léger agacement chez une autre. D'aucuns pourraient même la trouver plaisante et stimulante. Voyez comme les gens réagissent différemment à des situations telles que parler en public, arriver en retard au travail ou avoir des enfants. Même devant la maladie et la douleur physique, nous réagissons de façon très différente. Il est clair que la source du stress réside dans notre manière de penser.

Cette constatation est désormais relativement bien admise. Le nouveau paradigme holistique de santé, de bien-être et de liberté spirituelle attribue au mental un rôle capital et décisif dans le bien-être physique et le contentement psychique. En Orient, cela fait des milliers d'années que prévaut cette vision de la condition humaine. L'hindouisme, le bouddhisme et le taoïsme enseignent tous trois que le mental constitue la source de la souffrance, du stress, et leurs méthodes pour supprimer la souffrance sont toutes axées sur un même objectif : produire des changements dans l'attitude et la manière de penser.

De façon générale, le stress consiste à éprouver de la tension. L'individu a le sentiment d'être poussé, tiré, manipulé, empêché, limité, contraint, tiraillé. Ce sentiment de tension ou de pression peut nous porter atteinte exactement de la même manière qu'un coup provoque un bleu.

À certains moments, nos contacts quotidiens avec le monde semblent provoquer de telles contusions externes. Nous pouvons même, confronté à des circonstances, des personnes et des situations que nous préférerions ne pas avoir à affronter, ressentir une friction quasi permanente entre nous-même et le monde. Souvent, nous sommes tellement habitué à cette situation que nous la remarquons à peine — mais elle n'en continue pas moins de nous affecter. Nous ne lui prêtons attention que lorsqu'elle présente des implications majeures ou devient très stressante.

Mais ce n'est pas tout. Dans bien des cas, les confusions internes que nous nous infligeons sous forme de jugements et d'attentes sont encore plus douloureuses. Ne nous étonnons donc plus d'éprouver à la fin de la journée le besoin de récupérer — afin de nous préparer à affronter le monde le lendemain !

Définition du stress

Nous qualifions de stress toute expérience dont nous pensons qu'elle pourrait ou qu'elle devrait être différente.

Il s'agit là d'une définition très large du mot « stress ». Mais ce sens élargi nous permet de traiter de toutes les formes de tension, des plus intenses aux plus subtiles.

Stress intense

Notre définition du stress inclut les expériences intensément bouleversantes pouvant accompagner la rupture d'une relation, une blessure ou une maladie grave, une crise professionnelle, la perte d'un être cher ou notre propre mort. Elle comprend également la tension qui entoure souvent des événements tels que la grossesse, le départ en retraite ou le début d'une relation amoureuse.

Stress de la vie quotidienne

Notre définition couvre aussi le stress chronique lié à la vie quotidienne. Il s'agit des tensions pouvant accompagner des obligations courantes telles que gérer notre travail, nos finances, l'éducation de nos enfants, notre santé et nos relations, ou bien la nécessité de faire face à un avenir ambigu et incertain. Le simple fait de penser à ces nécessités peut parfois être pénible.

Expériences agaçantes

En incluant les choses qui ne devraient pas nous arriver, notre définition englobe également les expériences irritantes qui nous harcèlent quotidiennement. Nous y plaçons donc la tension que peuvent susciter des situations telles que perdre son temps dans une réunion, faire brûler le dîner, ne pas trouver les chaussures qu'on voulait acheter ou fermer sa voiture en laissant les clés à l'intérieur.

Notre façon d'envisager le stress nous permet aussi d'en détecter des formes plus subtiles qui envahissent la vie de la plupart d'entre nous, comme par exemple l'anticipation de la fin d'une expérience agréable, la privation de plaisirs parce qu'il faut bien dormir, ou le simple fait de savoir que notre corps est sujet à la maladie et à la douleur, d'où l'obligation d'en prendre soin.

Tensions subtiles

Notre définition nous permet enfin d'identifier des formes de tension encore plus subtiles pouvant accompagner nos expériences les plus extatiques. Selon notre point de vue, même les expériences qui nous font nous écrier : « C'est merveilleux ! C'est incroyable ! Je mérite vraiment ça ? » comportent un élément de stress. Pourquoi ? Parce que bien souvent nous n'acceptons pas pleinement la joie (et la grâce) de l'expérience elle-même. Nous pouvons remettre en cause et douter même de nos expériences les plus précieuses. Même au cœur d'une expérience d'amour, de joie ou de sérénité, il nous arrive d'en anticiper la fin et de nous interroger : « Cela va-t-il durer ? Pourvu que je ne perde pas cela... Que faire pour avoir l'assurance de ne pas voir cela disparaître ? Et si cela s'arrête, comment le faire revenir ? » En perturbant ainsi le flux organique de l'expérience, nous introduisons un élément de stress.

Les tensions subtiles peuvent opérer de la même manière qu'une minuscule fracture due au travail du métal sur un avion. Au début, on ne la détecte pas, mais elle peut grandir et, dans les cas extrêmes, provoquer un accident. Un stress subtil peut contenir le germe de la destruction d'une expérience agréable. En nous inquiétant — « Cela va-t-il durer ? », « En suis-je digne ? », etc. — nous sortons de l'expérience. En l'espace de quelques minutes, voire de quelques secondes, une merveilleuse expérience peut se trouver diluée et se dégrader jusqu'à ne plus constituer qu'un vague souvenir.

RÉSUMÉ

Nous entendons par stress, ou souffrance, toute expérience dont nous pensons qu'elle pourrait ou devrait être différente. Nous connaissons le stress et en souffrons parce que nous n'acceptons pas nos expériences pleinement et de façon inconditionnelle.

Les signes du stress

Nombre de signes d'une vie stressée nous sont familiers, car le stress affecte tous les aspects de notre bien-être ; il nous affecte physiquement, émotionnellement et mentalement, réduit notre capacité à travailler avec efficacité et nuit à notre faculté d'établir des relations affectueuses et enrichissantes.

Préjudices portés à notre santé

Les effets du stress sur notre santé physique sont bien connus. De nos jours, la médecine reconnaît généralement que des affections et des maladies telles que la migraine, l'asthme, les allergies, l'hypertension, les cardiopathies et le cancer peuvent être provoquées ou aggravées par le stress. De nombreuses études ont montré qu'un stress prolongé amoindrit la résistance de l'organisme aux virus et aux infections, de même qu'un mode de vie stressant retarde la guérison.

Dépendance et problèmes sociaux

Le stress est un facteur majeur de la dépendance vis-à-vis de substances comme l'alcool, le tabac, les médicaments et la drogue. Les problèmes sociaux tels que violences domestiques, mauvais traitements à enfant, viol, homicide et suicide sont étroitement liés au stress.

Nous voyons aussi apparaître un éventail croissant de problèmes psychosomatiques et psychologiques également liés au stress. En font partie les insomnies, maux de tête, difficultés sexuelles, syndrome de fatigue chronique, tintements dans les oreilles et troubles du comportement alimentaire comme l'anorexie, la boulimie, l'obésité.

Comportements excessifs

D'autres conditions plus générales indiquent la présence de stress : fatigue excessive, morosité, attitude défensive ou agressive, irritabilité, frustration, inquiétude, nervosité, pleurs, état tendu ou préoccupé, comportement impulsif, difficultés de concentration. Des émotions excessives comme la fureur, la colère, la tristesse et la dépression signifient également une tension et un conflit intérieurs.

États d'âme

De plus, les états d'âme qui pèsent de façon croissante sur notre culture et sur notre vie, comme par exemple l'anxiété, la solitude, le ressentiment et la résignation, constituent tous des signes de souffrance, de stress. Chaque fois qu'un individu éprouve de l'anxiété, de l'ennui, du ressentiment ou autre sentiment similaire, c'est parce qu'il pense que les choses « pourraient ou devraient être différentes de ce qu'elles sont ». Si, par exemple, nous ressentons de l'ennui — expérience que nous n'aimons généralement pas — nous pensons qu'il devrait se produire quelque chose, quelque chose qui ne se produit pas : peut-être voudrions-nous nous amuser, nous trouver avec des amis au lieu de nous morfondre à la maison. Ou, si nous éprouvons du ressentiment, nous estimons que quelqu'un nous a fait quelque chose que, selon nous, il n'aurait pas dû faire.

Les signes d'une vie sans stress

Les signes de stress peuvent également être identifiés en observant comment les choses se passent en son absence. Se sentir calme, pas pressé, satisfait, détendu, joyeux, plein d'énergie et serein sont quelques-uns des signes courants indiquant l'absence de stress. Si nous sommes simplement présent à ce que nous vivons, sans être constamment assailli par le doute, nous pouvons dire que nous sommes sans stress. Si nous voyons que nous ne sommes pas calme, joyeux, etc., nous pouvons en conclure que nous nous trouvons dans un état de stress plus ou moins important.

2.

L'origine du stress

Le stress survient quand nous pensons que les choses pourraient ou devraient être différentes de ce qu'elles sont. En d'autres termes, le stress est provoqué par une disparité entre « comment sont les choses » et « comment nous aimerions qu'elles soient ».

Combien de fois ne pensons-nous pas : « Si seulement... » ? En voici quelques exemples familiers : « Si seulement j'avais plus de temps », « Si seulement j'avais plus d'argent », « Si seulement je n'étais pas obligé(e) de... », « Si seulement il/elle pouvait... », « Si seulement je ressemblais à... ». Chacun d'entre nous pourrait établir sa propre liste de « si seulement... ». Sous cet angle, nous pouvons mieux voir à quel point le stress nous est familier et est omniprésent dans notre vie. Il semble que nous passions une grande partie de notre temps avec ces tensions — dont l'intensité se situera, selon le cas, à un niveau allant de minime à très intense.

Le degré de stress que nous éprouvons dépend de deux facteurs :

1) l'ampleur de l'écart entre « ce qui est » et « ce qui devrait être »,
2) le sens ou importance que nous attribuons à cet écart.

Plus l'écart est grand, plus le stress est intense. Plus l'écart a de sens à nos yeux, plus le stress est important. Le tableau suivant illustre les différentes combinaisons.

ÉCART	SENS	DEGRÉ DE STRESS
Faible	Peu d'importance	Stress minimum
Important	Peu d'importance	Minimum à moyen
Faible	Important	Minimum à moyen
Important	Important	Stress moyen
Faible	Très important	Stress moyen
Important	Très important	Stress maximum

Pour percer le secret d'une vie sans stress, nous devons examiner de plus près le rapport entre « ce qui est » et « ce qui devrait être ». Ayant déterminé qu'il y a conflit entre « ce qui est » et « ce que nous aimerions », il nous faut maintenant définir la nature de ce conflit. Si le stress est une tension au sein de quelque chose, qu'est-ce qui est en tension ? En d'autres termes, quel est le support, le véhicule au sein duquel survient ce conflit ?

Exercice

Pensez à deux ou trois expériences stressantes. Tout d'abord, décrivez brièvement chacune d'elles en termes généraux.
Puis analysez-les en fonction :
1) de l'écart entre « ce qui était » et ce qui, à vos yeux, « aurait dû être »,
2) de l'importance et de la signification que cet écart a revêtu (ou non) pour vous.

PREMIER EXEMPLE

L'EXPÉRIENCE : Après avoir raté un examen, je me suis senti perturbé(e) et j'ai mal dormi pendant plus d'une semaine.
CE QUI ÉTAIT : J'ai échoué et n'ai pas obtenu mon diplôme.
CE QUI AURAIT DÛ ÊTRE : J'aurais dû réussir parce que j'ai travaillé dur.
L'ÉCART : La différence entre réussir et échouer.
L'IMPORTANCE : C'était très important pour moi parce que, maintenant, il va falloir que je redouble mon année.
RÉSULTAT : Stress moyen à maximum.

DEUXIÈME EXEMPLE

L'EXPÉRIENCE : J'ai oublié que j'avais une réunion. Je ne m'en suis souvenu qu'un quart d'heure avant l'heure où elle devait commencer et je suis arrivé(e) en retard.

CE QUI ÉTAIT : J'avais dix minutes de retard.
CE QUI AURAIT DÛ ÊTRE : J'aurais dû m'en souvenir. Je n'aurais pas eu à courir et je serais arrivé(e) à l'heure.
L'ÉCART : La différence entre être à l'heure et être légèrement en retard.
L'IMPORTANCE : Ce n'était pas très important, d'autant plus que certains sont encore arrivés après moi.
RÉSULTAT : Stress minimum.

TROISIÈME EXEMPLE

L'EXPÉRIENCE : Je suis complètement épuisée parce que je dois me lever plusieurs fois par nuit pour m'occuper de mon bébé.
CE QUI EST : Je dors à peu près quatre heures par nuit et je suis incapable de me concentrer durant la journée.
CE QUI DEVRAIT ÊTRE : Il faudrait que je dorme correctement. Mon bébé ne devrait pas se réveiller la nuit. À cet âge-là, les autres bébés font toute leur nuit. Je devrais être en forme pendant la journée.
L'ÉCART : La différence entre des nuits normales et des nuits trop courtes.
L'IMPORTANCE : C'est très important parce que je dois travailler tous les jours et que je n'arrive pas à fonctionner correctement.
RÉSULTAT : Stress moyen à maximum.

Nos préférences sont des croyances

Quand nous décrivons en notre for intérieur ou à l'intention de quelqu'un d'autre ce qui, selon nous, « devrait être », nous exprimons par là une préférence — et donc nos croyances. Nous croyons que les circonstances devraient se présenter de telle et telle façon ou que les choses auraient pu être différentes. Nous pensons que cela aurait pu être comme ceci ou comme cela, plutôt que tel que c'était. Ce que nous exprimons ainsi, ce ne peut être que nos croyances ou nos interprétations. Sinon, comment pourrions-nous être en accord ou en désaccord avec le « Ce qui devrait être » d'autrui ?

Notre expérience de « ce que sont les choses » dépend de nos croyances

Lorsque nous pensions à « ce que sont les choses », nous avons tendance à croire que notre perception est indépendante de nos préférences, de nos souhaits, de nos croyances ou de nos interprétations. Nous sommes persuadé que notre expérience de « comment sont les choses » n'a aucun rapport, ou très peu, avec nos croyances, nos opinions ou nos jugements de valeur.

Une croyance est un mécanisme qui engendre notre expérience

Tel n'est pourtant pas le cas. Une croyance est bien davantage qu'une « vague opinion » sur quelque chose. C'est un mécanisme qui détermine la nature de ce que nous vivons. Par exemple, si nous croyons être une personne ordonnée, nous ne verrons pas le désordre que d'autres — ceux qui pensent que nous sommes désordonné — verront. À nos yeux, il n'y a vraiment aucun désordre. Il n'existe pas.

Prenons une expérience immédiate, très concrète, comme par exemple celle d'être assis en train de lire ce livre. Nous ne pouvons pas comprendre cette expérience — nous ne pouvons pas la vivre — en faisant abstraction de tout un ensemble de croyances transparentes sur des choses telles que : qui nous sommes, en quoi consiste le fait de lire, en quoi consiste le fait d'être assis, la nature de ce que nous lisons et la signification de ce qui est lu.

Ce que nous vivons passe par le filtre de nos croyances

De nombreuses recherches ont été réalisées sur la manière dont le langage et l'idéation façonnent la perception. Il est bien connu que les Esquimaux possèdent plus de vingt mots pour désigner ce que nous nommons la neige. Et, de par ces distinctions linguistiques affinées, ils voient réellement le paysage différemment. Là où nous ne verrions qu'un tapis de neige blanc, les Esquimaux voient une riche tapisserie aux couleurs, textures et éclats variés qui, étant tous reconnus, reçoivent la désignation qui convient.

Si un concept — ou croyance — nous est inconnu, nous ne pouvons pas faire l'expérience de l'objet auquel se réfère ce concept. Lorsque les Tibétains ont vu des avions pour la première fois, lors de l'invasion de leur pays par la Chine dans les années cinquante, ils n'avaient aucune idée de ce dont il pouvait bien s'agir. Rien ne les avait préparés à ce phénomène ; ils n'avaient jamais vu, comme nous, les dessins de Léonard de Vinci ou les divers prototypes expérimentaux qui ont précédé le premier avion. Par conséquent, lorsque les Tibétains regardèrent le ciel, ils n'imaginèrent pas que ces avions de chasse étaient de grosses machines de destruction mécaniques pilotées par un homme. Il leur fallut inventer un mot, et ce mot révèle clairement combien leurs premières perceptions étaient frustes : un avion, en tibétain, se dit « nam dru » (*gnam gru*), c'est-à-dire « bateau du ciel ». Ils appellent un aéroport « nam dru bab tung » (*gnam gru'i babs thang*), ce qui signifie littéralement « plaine d'arrivée pour bateaux du ciel » (le Tibet, entouré de terres, ne possède aucun port).

Le même phénomène se produit toutes les fois que nous voyons quelque chose pour la toute première fois. Nous ne pouvons voir cette nouvelle chose que par le filtre de nos concepts et idées familiers.

Lorsque nous parlons de « comment sont les choses », notre discours est une expression de nos croyances. Chaque fois que nous affirmons : « Les choses sont ainsi », nous exprimons notre croyance que « c'est ainsi que sont les choses ». Par exemple, si quelqu'un nous demande où nous en sommes dans notre vie, nous lui offrons en retour nos croyances sur la façon dont les choses se passent. Nous dirons peut-être que tout est fantastique, ou bien que tout va de travers. Nous dirons peut-être que nous venons de vendre notre maison ou de commencer un nouveau travail. Toutes ces affirmations sont des croyances, des interprétations.

Exercice

Essayez de décrire « comment sont les choses » ou « ce qui vous arrive » en ce moment même sans vous appuyer sur la moindre croyance.

Le stress est provoqué par un conflit entre nos croyances

« Comment sont les choses » aussi bien que « ce qu'elles devraient être » représentent des systèmes complexes de croyances. Quand deux de nos croyances sont en tension ou en conflit, nous nous sentons stressé. En réalité, le stress n'est pas provoqué par un conflit entre la réalité et ce que nous croyons, mais par un conflit entre nos croyances.

Au premier abord, si nous nous référons à notre façon de penser habituelle, cette affirmation peut étonner. Cependant, il est impossible d'être en conflit avec la réalité. La réalité est — simplement. La réalité n'est ni bonne ni mauvaise, ni désirable ni indésirable : il est en effet impossible de s'y opposer ou de l'approuver car, en dehors de nos croyances, elle est, un point c'est tout.

Seules nos croyances sur la réalité ou les interprétations que nous en faisons peuvent entrer en conflit. C'est pourquoi tous les conflits et tensions prennent automatiquement fin lorsque nous faisons l'expérience de la réalité ou que nous sommes « vrai ».

Exercice

1. Remémorez-vous une expérience stressante récente. Entrez dans la croyance que la situation, l'événement ou l'émotion aurait dû être autre. Que ressentez-vous ?

2. Remplacez maintenant cette croyance par celle que « les choses ne peuvent être que ce qu'elles sont ». Que ressentez-vous ?

3.

Les croyances

Qu'est-ce qu'une croyance ?

Nous savons donc maintenant que le stress est engendré par des conflits entre nos croyances. Afin de pouvoir déterminer de quelle manière nous créons ce processus, il nous faut d'abord comprendre ce que sont les croyances.

Les croyances sont une représentation de ce qui est

Une croyance est une représentation. Nous pouvons donc faire l'expérience de ce que représente une croyance, mais nous ne pouvons pas dire ce qu'elle représente — puisque seule la croyance peut le faire. Les choses que représentent les croyances n'ont pas la capacité de nous dire ce qu'elles sont. Elles se contentent d'être. C'est aux croyances qu'incombe la fonction de représenter ce qui est. Croire que nos représentations sont ce qu'elles représentent nous place dans l'incapacité de connaître les choses telles qu'elles sont. Donc, pour leur plus grande part, nos croyances nous coupent de la réalité.

L'origine même du verbe *to believe* (croire) indique cette coupure. Ce mot provient de racines appartenant à l'anglais ancien et au haut allemand ancien, qui signifient « aimer », « chérir » et « rendre tangible ou acceptable à ses propres yeux ». Ce sens traditionnel n'a rien à voir avec ce qui est vrai ou réel. Il est plus proche de ce que nous appelons une opinion.

QUESTION

Cela signifie-t-il qu'afin de connaître les choses telles qu'elles sont, nous devons nous dépouiller de toutes nos croyances ?

RÉPONSE

Pas du tout. Il nous suffit de reconnaître nos croyances pour ce qu'elles sont. Nous devons faire l'expérience de nos croyances en tant que croyances — en tant que représentations de choses que nous ne pouvons connaître qu'en tant que représentations. Nous pouvons ressentir l'énergie ou la forme originelle qu'elles constituent. Comme pour le reste, nous pouvons connaître leur « être » — c'est-à-dire ce que sont nos croyances avant d'être des croyances.

Il existe divers types de croyances. Certaines sont simples, d'autres constituent un système complexe regroupant des croyances plus simples. En voici quelques exemples, du type le plus simple au plus complexe :

- les identifications,
- les caractérisations,
- les jugements,
- les opinions,
- les interprétations,
- les explications,
- les théories.

La forme des croyances

Les croyances ont une forme, ou structure. Si tel n'était pas le cas, nous ne pourrions pas les distinguer les unes des autres. Nous distinguons les croyances en fonction de leur forme. Certains philosophes ont affirmé que les croyance sont structurées comme des propositions — mais ce n'est là qu'une vision partielle.

Exercice

Comment pourriez-vous faire la distinction entre les diverses croyances si elles n'avaient pas de forme ?

NOTE — Dire que c'est l'expérience à laquelle se réfère une croyance qui la différencie d'une autre ne convient pas. Si tel était le cas, n'importe quelle croyance pourrait représenter n'importe quelle expérience.

Les croyances ont aussi une forme. Nous n'en sommes habituellement pas conscient parce que leur forme est plus subtile et plus intangible que la forme et l'aspect des objets matériels. Toutefois, nos états d'esprit et nos émotions nous fournissent un éclairage sur la forme et la configuration de nos croyances. Pour voir cela, il suffit de réfléchir à la manière dont nous parlons de nos humeurs et de nos émotions. Notre manière de parler de nos dispositions d'esprit et de nos émotions donne une idée de la forme de nos croyances.

La forme de nos humeurs et de nos émotions

Une humeur dépressive, par exemple, évoque chez beaucoup de personnes quelque chose de sombre, dense, lourd, épais, stagnant. L'excitation, elle, a des mouvements imprévisibles, elle bouge par à-coups, avec des tourbillons et des pointes, comme un ruisseau tumultueux ou une rivière au débit rapide. Une humeur sereine présente une forme de continuité, elle est lisse, vaste, uniforme. Les humeurs sont aussi associées à des couleurs. Le rouge est souvent associé à la colère, le vert à la jalousie, la sérénité à des couleurs pastel comme le mauve ou le bleu pâle. La peur évoque le noir ou le gris foncé.

Ces descriptions ne sont pas de simples métaphores puisque les couleurs, par exemple, peuvent aider à faire resurgir une expérience. Ce sont des clés ouvrant sur la forme et la structure intérieure de nos croyances. L'un des talents des grands écrivains réside dans leur faculté de percevoir et de décrire la forme et la structure des états d'esprit et des émotions de l'être humain.

Les humeurs et les émotions sont façonnées par les croyances

Nous pouvons donc voir que les humeurs et les émotions revêtent différentes formes mais, pour que notre étude soit complète, nous devons maintenant examiner leur rapport avec les croyances. En quoi nos dispositions d'esprit et nos émotions sont-elles liées à nos croyances ? Les humeurs ne surgissent pas indépendamment de nos croyances sur ce que sont les choses. Elles sont créées par des croyances très spécifiques ; nous pouvons donc, par leur intermédiaire, commencer à observer les différentes formes que revêtent nos croyances.

Les états d'esprit et les émotions sont fonction de nos croyances à propos de l'avenir, elles-mêmes étant façonnées par nos croyances sur le passé. Ces deux systèmes de croyances se rejoignent pour produire toutes nos émotions et nos humeurs.

Si, par exemple, nous croyons qu'une situation est sans espoir, et que nous ne voyons pas comment elle pourrait changer dans l'avenir, nous allons selon toute vraisemblance nous sentir malheureux et résigné. À l'inverse, si nous croyons que nous serons capable d'agir avec compétence et efficacité dans l'avenir, nous nous sentirons de nouveau confiant et serein.

Exercice

Souvenez-vous d'une situation récente où vous avez éprouvé une émotion ou un état d'esprit intense, positif ou négatif. Fermez les yeux et revivez pleinement cette expérience, comme si elle se produisait en ce moment même, ainsi que les sensations physiques qui l'accompagnaient. Souvenez-vous de ce que vous ressentiez, ainsi que des pensées qui vous venaient. Notez toute pensée répétitive. Observez de quelle manière vos pensées ont directement influencé vos sentiments et le ressenti qui les accompagnait.

QUESTION

Si les croyances ont une forme, où donc se trouvent-elles ? Peut-on les situer ?

RÉPONSE

Oui, on le peut. Elles se trouvent là où nous en faisons l'expérience. Elles ne sont pas différentes en cela des formes physiques. Tout est situé là où vous en faites l'expérience.
Dans la réalité, il n'existe ni nord ni sud, ni ouest ni est, ni haut ni bas, ni devant ni derrière, ni intérieur ni extérieur. Tout cela, ce sont des jugements et des interprétations. Tout ce que l'on peut dire, c'est que l'on trouve les choses là où on les trouve. Il est impossible de dire où elles se situent sans avoir recours à une croyance ou à une interprétation.

Les différents niveaux de croyances

Les croyances peuvent entrer en conflit de deux manières. Parfois, il est facile de voir d'où vient la tension. Par exemple, si nous nous trouvons pris dans un embouteillage alors que nous nous rendons à un rendez-vous, la tension que nous allons ressentir sera provoquée par des croyances du genre : « Je vais arriver à l'heure », « Mais non, je n'arriverai pas à l'heure », « Ce sera grave si je suis en retard », « Mais non, cela n'a pas d'importance ». Ce type de stress est créé par des conflits entre nos croyances superficielles. Il est facile de prendre conscience de ces croyances-là parce que nous y avons facilement accès. Elles s'expriment dans des pensées que nous pouvons aisément connaître. En fait, nos pensées sont l'expression de nos croyances superficielles.

Toutefois, nous éprouvons d'autres tensions qui, elles, sont provoquées par des conflits entre nos croyances superficielles et d'autres qui se trouvent plus profondément enfouies dans nos pensées et notre personnalité — croyances que nous qualifions de « profondes » ou de « transparentes ». Et comme bien souvent nous n'avons pas conscience de nos croyances profondes, nous n'avons pas toujours conscience de cette source de stress.

Les croyances profondes

Une croyance profonde est une croyance qui confère une structure fondamentale à notre façon de nous appréhender et d'appréhender le monde. Les croyances profondes déterminent notre attitude de base envers nous-même et le monde. En voici quelques exemples : « Je ne réussirai pas », « Je peux réussir », « Je ne suis pas assez intelligent », « Le monde regorge d'opportunités », « On ne peut pas faire confiance aux gens ».

En essence, toute croyance peut être une croyance profonde, du fait qu'elle se trouve constamment à l'arrière-plan, façonnant notre expérience du monde et nos réactions. Mais, comme elles opèrent en coulisses, ces croyances sont souvent transparentes. En un sens, nous ne pouvons pas les voir précisément parce qu'elles sont extrêmement proches — nous sommes en elles.

Les croyances profondes sont celles qui ont réellement un pouvoir sur nous. Elles ont même tant de prise sur nous, relativement à ce que nous sommes et à la manière dont nous vivons notre vie, que nous ne parvenons généralement pas à les percevoir comme des croyances. Elles nous collent si bien à la peau qu'elles échappent en permanence à notre regard. Les plus flagrantes sont aussi celles que nous voyons le moins. Leur proximité les rend invisibles. De la même manière que les poissons ne voient pas l'eau dans laquelle ils nagent, nous sommes dans l'incapacité de voir nombre des croyances qui façonnent notre vie. Nos croyances profondes sont pour nous ce que l'eau est aux poissons : l'environnement, le contexte de notre vie. Nous sommes en elles — au sens propre du terme — et, de ce fait, nous ne pouvons les voir.

Nous considérons comme allant de soi que nous sommes réel et séparé des autres, qu'il y a « là-dehors » un monde offert à notre expérience, et que ce monde est matériel et solide. Ces choses sont admises *a priori*. Ces expériences font tellement partie intégrante de notre existence que nous ne les voyons plus comme des reflets de nos croyances fondatrices ou constitutives.

Nos croyances sont comme nos yeux — elles sont l'organe de ce que nous vivons. Nous voyons avec et par nos croyances. De même que nous ne sommes pas conscient de nos yeux lorsque nous voyons, nous ne sommes pas conscient des croyances qui façonnent et filtrent notre ressenti. Nous le ressentons, c'est tout.

À la rencontre de nos croyances profondes

Les formes de stress les plus répandues et les plus constantes étant créées par un conflit entre nos croyances superficielles et nos croyances profondes, nous devons, si nous voulons éliminer la tension et le conflit de notre vie, ou du moins les réduire, considérer les croyances profondes qui structurent notre vie. Bien qu'elles soient dissimulées à notre attention immédiate, nous pouvons néanmoins apprendre à les reconnaître, car elles se manifestent selon un schéma récurrent. Notre expérience du monde est un reflet de nos croyances profondes. Nos luttes dans et contre le monde sont les reflets des conflits intérieurs entre nos croyances.

Si nous nous sentons solitaire, isolé, c'est probablement parce que nous entretenons un certain nombre de croyances profondes qui façonnent cette expérience — par exemple que l'on ne peut faire confiance à personne, que nous ne sommes pas digne d'être aimé, qu'il vaut mieux se suffire à soi-même. Si nous avons le sentiment qu'on ne nous sait jamais gré de ce que nous faisons, celui-ci reflète peut-être une croyance profonde selon laquelle nous ne méritons pas d'être reconnu ou remercié.

Nous pouvons découvrir nos croyances profondes en étant sincèrement réceptif à ce que nous ressentons et à la façon dont nous réagissons au monde. Il nous faut être simple dans la manière dont nous communiquons avec nous-même à propos de ce que nous ressentons. Pour découvrir comment notre expérience est canalisée par le filtre de nos croyances profondes, il nous suffit d'écouter attentivement nos interprétations sur ce que sont les choses.

Avez-vous du mal à accepter l'idée qu'il peut être facile de découvrir nos croyances profondes ? Dans ce cas, vous venez de mettre le doigt sur l'une d'elles : celle qui vous dit qu'il est difficile de réellement remonter à la source de ce qui provoque vos problèmes. Entretenir ce type de croyance incite à s'engager dans une longue psychothérapie, à batailler avec une discipline spirituelle ou à suivre un stage de développement personnel après l'autre.

Bien que nos croyances profondes nous soient invisibles, il suffit d'un peu d'entraînement et de mise à l'écoute pour les découvrir — tout comme certains maîtres mariniers des temps anciens, par exemple les Polynésiens, parvenaient à détecter des îles et des terres invisibles situées derrière l'horizon en observant les interférences des courants marins à la surface de l'océan.

Les conflits entre les croyances superficielles et les croyances profondes

Parfois, nos croyances superficielles et nos croyances profondes coïncident. Croire que nous existons, par exemple, est à la fois une croyance superficielle et une croyance profonde. De même, la croyance en la pesanteur existe à la fois au niveau superficiel et au niveau profond.

Mais il arrive aussi que nos croyances superficielles contredisent nos croyances profondes. Nous pouvons dire que nous aimons bien une personne alors qu'au fond nous n'éprouvons que de l'indifférence à son égard ou même la détestons. Ou bien nous pouvons penser que nous ne craignons pas les représentants de l'ordre alors que, profondément, nous en avons une peur bleue. Nous pouvons dire que nous n'aimons pas notre travail, alors qu'en réalité, au tréfonds de nous-même, il nous satisfait pleinement. Nous pouvons dire que notre couple est réussi alors que, profondément, nous nous sentons isolé et solitaire dans notre mariage.

La *croyance superficielle* est ce que vous déclarez ou pensez croire.

La *croyance profonde* est ce que vous croyez réellement.

Nous ne croyons pas toujours ce que nous pensons croire

Nos croyances pouvant ainsi manquer de cohérence, il s'ensuit que nous nous disons parfois que quelque chose est vrai alors que ce n'est pas ce que nous croyons réellement. À d'autres moments, nous croyons de bonne foi que ce que nous nous disons n'est *pas* vrai. Nous agissons ainsi parce que nous ne voulons pas reconnaître la véracité de certaines choses à notre sujet. Nous nous racontons vraiment des histoires à propos de ce que nous croyons. Voici les sortes de croyances entrant dans cette catégorie :

- « J'aime la souffrance émotionnelle. »
- « Je suis égoïste. »
- « Je ne recherche pas le bonheur. »
- « Je ne veux pas de responsabilités. »

Si vous écartez la possibilité que ces croyances puissent exister, si vous n'arrivez pas à concevoir que nous puissions réellement croire que nous ne voulons pas être heureux, que nous aimons la souffrance émotionnelle ou que nous n'aimons pas notre conjoint, nos parents ou nos enfants, posez-vous cette question : « Pourquoi attirons-nous et connaissons-nous le chagrin, la souffrance et la solitude dans notre vie ? »

Exercice

Comment pouvez-vous découvrir vos croyances profondes ?
Réfléchissez aux points sur lesquels vos croyances superficielles ne semblent pas concorder avec vos croyances profondes.
Quelles sont vos croyances profondes ?

Nos croyances conflictuelles ne sont pas toujours flagrantes

Les croyances conflictuelles qui sous-tendent notre stress et notre tension sont voilées par les histoires que nous inventons afin d'expliquer pourquoi nous nous sentons sous pression ou tendu. Dans ces explications, nous ne reconnaissons généralement qu'une seule facette de ce que nous pensons et ressentons. Prenons un exemple afin d'illustrer ce point.

Imaginons que nous nous sentirons stressé dans notre situation professionnelle. Le type d'explications généralement avancées laissera peut-être entendre que la situation est insupportable. Il y a trop à faire, le patron ne tient pas compte de nos besoins, nous n'avons pas assez d'assistants... bref, nous sommes au bout du rouleau, nous n'arrivons pas à faire face. Nous n'en allons pas moins travailler tous les jours et, dans l'ensemble, nous faisons ce que nous avons à faire. Si nous continuons à travailler, c'est donc que nous le supportons et que nous parvenons à faire face. Notre stress est donc provoqué, en réalité, par les croyances conflictuelles selon lesquelles nous pouvons et ne pouvons pas faire face à nos responsabilités professionnelles. Si réellement nous ne pouvions pas les supporter, si réellement nous ne pouvions pas faire face, nous serions ailleurs, à effectuer un autre genre de travail.

Cette incapacité à discerner les croyances conflictuelles qui provoquent stress et conflit est également courante dans les relations difficiles. Nous avons tous entendu des personnes nous dire qu'elles vivent des relations difficiles qui les font souffrir et qui les limitent. Peut-être même nous trouvons-nous dans cette situation. Nous nous plaignons de notre partenaire, affirmant qu'il ou elle est égoïste, qu'il ou elle manque d'égards, qu'il est impossible que cela s'améliore et que nous voulons rompre. Nous croyons vraiment ce que nous disons. Mais si c'était là *tout* ce que nous croyons, la relation prendrait fin. Il se trouve en effet que nous croyons également qu'elle va peut-être s'améliorer et que nous ne devrions pas rompre. Donc, en fin de compte, le stress et le conflit sont dus à nos propres croyances conflictuelles — croyances que la relation va s'améliorer et qu'elle ne va pas s'améliorer, que nous devrions partir et que nous ne devrions pas partir.

Même s'il s'agit d'une sensation désagréable, disons le besoin d'une cigarette, nous pouvons remonter à la source du malaise. D'un côté, nous sommes persuadé que nous ne pouvons plus attendre, qu'il nous faut une cigarette tout de suite. Mais si nous continuons d'attendre, c'est de toute évidence parce que nous croyons aussi que nous pouvons attendre. La sensation désagréable est due au fait que nous sommes assis entre deux chaises, entre deux croyances opposées : nous pouvons attendre et nous ne pouvons pas attendre.

Dans toutes les situations où nous nous sentons stressé ou sous pression, nous pouvons de la même manière remonter à la source du problème.

Exercice

Remémorez-vous une situation récente (ou récurrente) dans laquelle vous avez ressenti une tension, un conflit ou un stress. Souvenez-vous de ce qui s'est passé, et essayez d'identifier les croyances entre lesquelles vous oscilliez.

Maintenant, examinez à nouveau la situation en étant conscient(e) de ces croyances conflictuelles. La situation semble-t-elle différente ? Votre ressenti a-t-il changé ?

4.

Pourquoi nos croyances entrent-elles en conflit ?

Nous savons donc maintenant que le stress est provoqué par des croyances contradictoires, mais est-il vraiment inéluctable que nos croyances entrent en conflit ? Pour répondre à cette question, nous devons découvrir comment les croyances se forment.

Toutes nos croyances se constituent sous la forme de paires de contraires, parce que les concepts, à partir desquels se construisent nos croyances, sont mutuellement définis par leurs contraires. Découverte par les anciens sages chinois voilà des milliers d'années, cette perception représente la base du taoïsme et la signification du symbole du yin et du yang. Comme l'écrit Lao Tseu dans le *Tao-te king* :

Dans le monde, chacun décide du beau et cela devient le laid.

Par le monde chacun décide du bien et cela devient le mal.

L'être et le vide s'engendrent l'un l'autre.

Facile et difficile se complètent,
Long et court se définissent,
Voix et sons s'accordent,
Avant et après se mêlent.

Le concept de « grand », par exemple, n'a de sens que parce que nous l'opposons à celui de « petit ». Si nous n'avions pas le concept de « petit », le mot « grand » serait totalement dénué de sens. De même, le concept de « soi » est lié au concept de « l'autre », celui de « richesse » à celui de « pauvreté », celui d'« amour » à celui de « haine », et ainsi de suite. Sans son contraire, un concept n'a aucune signification — et cela vaut pour tous les concepts.

Les croyances se forment en paires d'opposés

Pour chacune de nos croyances, nous avons aussi une croyance opposée. Même si cela nous semble difficile à admettre, il en est ainsi. Pourquoi ? Parce que le sens ou la référence de toute croyance repose sur la croyance contraire.

Les deux contraires étant inséparables, nous pouvons parler d'une unité de croyance. Une unité de croyance est constituée de deux fractions : le concept A et son contraire, le concept non-A. Ensemble, ils forment une unité.

Exercice

Prenez n'importe quel concept (par exemple le feu, le café, la peur) et essayez de le définir sans vous référer à quoi que ce soit qu'il n'est pas.

QUESTION

Pourquoi ne pouvons-nous rendre nos croyances cohérentes afin de les empêcher d'entrer en conflit les unes avec les autres ? Ne pourrions-nous pas créer un seul type de croyance, qui constituerait un tableau cohérent et stable de ce que nous sommes et du monde qui nous entoure ? Par exemple, je pourrais essayer de croire toujours et seulement les mêmes choses sur moi-même. Je pourrais m'efforcer de croire uniquement que je suis intelligent, attentionné, beau et ne jamais penser que je suis stupide, égoïste ou laid, quelles que puissent être les circonstances ou quoi que je puisse éprouver.

RÉPONSE

Si vous avez déjà essayé, vous aurez découvert, comme beaucoup d'autres, que la chose est impossible. Nous ne pouvons pas penser en permanence de façon cohérente — sans aucun doute, conflit ou contradiction. Cela n'a rien à voir avec la qualité de notre intelligence, la fermeté de notre détermination ou la force de notre mental. Il est impossible de penser de façon cohérente. Pourtant, cette approche a jusqu'à présent constitué l'un des principaux moyens par lesquels nous tentons d'éliminer le stress et le conflit. Regardez seulement le rôle qu'ont joué les « pensées positives » ou la méthode Coué. Au lieu de croire que nous ne sommes pas à la hauteur, que nous ne sommes pas digne d'être aimé, nous nous répétons constamment que nous sommes digne d'être aimé, que nous sommes à la hauteur. Chaque fois qu'apparaît la pensée négative, nous la remplaçons par son corollaire positif. Avec cette méthode, nous essayons de modifier nos croyances afin de ne croire que ce que nous voulons croire à notre sujet et au sujet d'autrui.

Comment les croyances se forment-elles ?

Si nous comprenons comment les croyances se forment, nous pourrons mieux discerner la manière dont elles entrent en conflit.

Les sages d'Orient avaient perçu, entre autres vérités importantes, que les croyances coexistent en tant que paires d'opposés. C'est également ainsi qu'elles commencent à se former. Elles apparaissent sous la forme d'une paire dont chaque élément contredit l'autre. Deux croyances contradictoires se font jour conjointement.

En fait, chaque fois que nous affirmons ou nions une croyance particulière — chaque fois que nous pensons « C'est terrible » — nous nous coupons simultanément de la croyance contraire. Notre croyance prend consistance et réalité à nos yeux au fur et à mesure que s'éclipse la croyance contraire, qu'elle devient transparente.

Au cours de sa formation, la croyance se scinde en deux fractions, ou opposés. Ces deux fractions dépendent l'une de l'autre pour exister mais, en même temps, mettent mutuellement leur existence en danger.

Exercice

Essayez de réfléchir à ce qui provoque la naissance d'une croyance.

Notre propre entrée dans l'existence

Pour chacun d'entre nous, la croyance la plus importante est celle en notre propre existence. Nous attachons aussi de l'importance à posséder une identité qui nous est spécifique. Il importe que nous soyons différent, car nous ne pouvons exister que si nous différons les uns des autres. Ces deux croyances réunies — que nous existons et que nous possédons telle ou telle identité — produisent ce que nous sommes. Ces croyances créent la personne que nous sommes. Ce sont elles qui nous donnent ce sentiment d'être séparé des autres et du monde qui nous entoure. Ce sont également elles qui déterminent les caractéristiques de notre personnalité et de notre histoire personnelle.

Et comme nous sommes les croyances que nous nourrissons quant à notre identité, nous venons à exister exactement de la même manière que les croyances. Bien que cela puisse de prime abord paraître difficile à concevoir, un examen point par point du processus va nous permettre de voir combien, en réalité, la chose est simple.

Nous commençons tout d'abord par développer la croyance en un soi (ou moi), par opposition à « l'autre » (ou non-moi). Puis, ayant créé cette croyance en un moi, nous lui attribuons certaines caractéristiques — nous construisons une identité en érigeant un ensemble de croyances, par exemple que nous sommes drôle, intelligent, paresseux, vulnérable, sexy, etc.

À chaque fois que nous nous attribuons une certaine caractéristique en nous appuyant sur une croyance, nous nous séparons de la caractéristique contraire et la tenons à distance. Nous la bannissons. Et dans bien des cas, nous la repoussons en l'attribuant à autrui. Nous attribuons ce que nous ne voulons pas être nous-même à d'autres personnes, en projetant sur elles nos propres défauts indésirables. Nous disons que nous sommes altruiste et que les autres sont égoïstes. Ou bien nous nous disons travailleur et qualifions les autres de paresseux. Nous chérissons un ensemble de croyances — nous les faisons nôtres, nous nous réclamons d'elles et nous nous y identifions — et rejetons loin de nous toutes les caractéristiques opposées — nous nous en désidentifions.

Le stress engendré par la douleur physique

Bien que la douleur physique soit l'une des causes de stress les plus patentes, la source réelle du stress ne réside pas dans la douleur elle-même, mais dans un dilemme portant sur notre rapport à cette douleur.

Lorsque nous ressentons une douleur physique, cette douleur ou cette gêne est un fait, et quelque chose nous dit que nous devons l'accepter. Mais en même temps, nous rejetons cette expérience douloureuse. Nous essayons d'y mettre un terme ou de la faire disparaître par le pouvoir du mental. Nous nous retrouvons alors enfermé dans un conciliabule intérieur portant sur notre capacité ou non à supporter cette douleur ; nous nous torturons l'esprit pour décider des mesures à prendre — devons-nous, ou non, appeler un médecin, devons-nous, ou non, prendre des antalgiques, notre état est-il grave ou non, etc.

Le stress qui accompagne la douleur physique repose sur les croyances conflictuelles : « Je peux supporter cette douleur » et « Je ne peux pas supporter cette douleur ». Le fait d'osciller entre ces pensées engendre un stress dont l'intensité ne cesse d'augmenter.

Nous pouvons essayer de résoudre ce conflit en nous en remettant à la croyance que « je ne peux pas supporter cette douleur ». Mais nous avons beau baisser les bras et admettre que nous ne pouvons tout simplement pas la supporter, la douleur ne disparaît pas pour autant et continue de nous torturer, seconde après seconde, minute après minute. La stratégie de la soumission à la douleur ne fonctionne pas. La douleur persiste. Nos croyances sur notre capacité et notre incapacité à supporter la douleur continuent donc à s'opposer.

Ou bien, nous pouvons tenter d'atténuer notre stress en nous disant que nous sommes capable de supporter la douleur. Il s'agit là de l'approche héroïque — montrer un visage stoïque, serrer les dents et nous efforcer de maîtriser la douleur. Nous pouvons aussi nous sentir l'âme d'un martyr et essayer d'endurer la douleur en nous persuadant que c'est ce qu'il nous faut. Mais, dans les deux cas, ce type de stratégie engendre inévitablement son propre stress, puisque nous rejetons la croyance : « Je ne peux pas supporter la douleur ». Nous n'acceptons pas que « je ne peux pas tolérer cette douleur et son mal ».

La déconnexion provoque un stress

L'état de déconnexion est un état contre nature et intrinsèquement stressant, car il exige non seulement de dissocier les croyances, mais aussi, afin de conserver un ensemble de vues et d'opinions fixes à l'égard de nous-même et du monde, de les maintenir séparées. C'est un état factice, artificiel, dont le maintien nous demande un travail de tous les instants et un énorme effort. Pour chacune de nos croyances existe une croyance contraire qui peut être considérée comme un danger. Il existe par conséquent toute une série de croyances que nous nous efforçons d'exclure de nos pensées et de notre ressenti. Nous écartons ces croyances et les maintenons aussi loin de nous que possible. Par peur d'abaisser nos défenses, nous refusons énergiquement toutes les croyances qui menacent notre vision du monde.

Toutefois, si nous interrompons notre effort, ne serait-ce qu'une minute, et que nous nous permettons d'éprouver la peur qui va peut-être se manifester au début, nous allons entrer dans un état de paix et de calme. Et si nous nous autorisons à pénétrer plus avant dans cet état, ce dernier ne tardera guère à devenir une expérience d'ouverture et de sérénité absolue.

De quelle manière les croyances impliquent-elles leur opposé ?

Une fois nos croyances dissociées l'une de l'autre, il est évidemment difficile de voir qu'elles sont étroitement liées. Par nature, la déconnexion a pour effet de masquer l'interdépendance des croyances et de ce que nous ressentons. Peut-être même refusons-nous consciemment de voir le lien entre deux croyances contraires. En fait, plus les croyances sont coupées l'une de l'autre, plus il est difficile de reconnaître que chacune d'elles implique la croyance contraire. Et dans la mesure où, dans notre état de conscience ordinaire, la plupart de nos croyances sont déconnectées, nous ne pouvons guère nous attendre à reconnaître une croyance contraire pour chaque croyance que nous observons.

Cependant, en nous sensibilisant peu à peu à la nature des croyances, nous pouvons commencer à voir que chacune exprime effectivement son contraire. Nous pouvons comprendre comment chacune de nos paroles, chacun de nos actes, exprime son opposé — et comment coexistent des paires d'opposés.

En affirmant que nos croyances expriment toujours des croyances contraires et que nos actes et nos sentiments présentent toujours deux facettes, nous parlons cependant de quelque chose de bien précis, à ne pas confondre avec le flux naturel des diverses pensées et émotions que nous traversons au cours de chaque journée. Nous parlons ici de la manière dont nous interrompons inconsciemment et par la force de l'habitude le flux organique de la vie et son déploiement, en essayant de nous emparer ou de nous défaire de ce que nous ressentons et pensons — ce qui a pour effet de nous enliser, de nous immobiliser au milieu du courant de la vie.

Il existe de nombreuses manières de nous bloquer ainsi. Nous pouvons éprouver le besoin de savoir ce que nous éprouvons, ou bien vouloir contrôler nos pensées et nos émotions. Ou encore, en certaines occasions, nous allons essayer de ralentir le passage du temps en « freinant », soit par peur de ce qui pourrait suivre soit afin de savourer et profiter d'une expérience particulière. Nous essayons de ralentir le temps. À d'autres moments, nous allons chercher à accélérer une expérience parce que nous anticipons quelque chose de mieux, ou bien parce que nous jugeons cette expérience déplaisante ou douloureuse. Nous essayons de traverser plus rapidement certaines situations. C'est dans ces moments-là — lorsque, d'une manière ou d'une autre, notre expérience se fige — que nos émotions et dispositions d'esprit deviennent l'expression de croyances conflictuelles.

Il existe d'autres moments — lorsque nous acceptons et accueillons ce que nous vivons — pendant lesquels nos émotions et humeurs se déploient délicatement et sans effort, au rythme et de la manière qui leur conviennent.

Bien qu'il soit difficile, une fois coupé de l'ensemble, de voir comment une croyance donnée implique une croyance contraire, nous pouvons avoir un aperçu de la façon dont les croyances coexistent en observant les paradoxes émotionnels qui surviennent dans notre expérience au jour le jour. Les quelques exemples qui suivent contribueront peut-être à favoriser vos propres observations.

Plaisir et douleur

Nous faisons souvent l'expérience de la nature duelle des émotions durant les périodes de transition de notre vie, car nous nous trouvons alors à un stade où nous n'avons pas encore adopté un style émotionnel bien défini vis-à-vis de ces événements. Nous ressentons souvent des émotions paradoxales, par exemple au commencement et à la fin de relations affectives intenses. Nous pouvons découvrir que le plaisir d'être avec une personne est en même temps douloureux. Cela fait mal de se sentir tellement comblé par quelqu'un d'autre. Les sentiments sont parfois si nouveaux et si intenses que nous sommes dans l'incapacité de dire ce que nous ressentons. C'est seulement lorsque nous nous sentons en terrain connu que nos émotions s'affermissent et deviennent bien définies.

Inversement, sous notre réaction automatique à la douleur se trouve le plaisir, ou le profit, que nous tirons de notre tourment et de nos difficultés. Il arrive bien souvent que nous nous glissions dans notre souffrance comme dans un bon bain chaud. Absorbé par les histoires que nous nous racontons à propos de notre infortune, nous prenons plaisir à entretenir notre souffrance et nos tourments en les racontant à d'autres personnes, en pensant encore et encore aux difficultés de la vie ou en nous félicitant de notre aptitude à endurer l'affliction et les déceptions.

Certitude et doute

Voici un exemple qui vous est peut-être familier : une personne affirme avec assurance une certitude, et sous ses propos nous entendons percer son doute sous-jacent. Quand nous écoutons quelqu'un nous dire « Je suis absolument convaincu que... », nous pouvons souvent entendre son incertitude non exprimée, comme si l'expression d'une conviction déclenchait simultanément l'expression d'un doute. Il semble même que le fait d'affirmer « Je suis convaincu » constitue d'une manière ou d'une autre l'expression du doute.

Ennui et inspiration

Peut-être avez vous également observé combien l'ennui nous stimule. Peut-être vous est-il arrivé de reconnaître ouvertement que vous tourniez en rond, que vous vous ennuyiez, et de ressentir alors une petite bouffée d'énergie revigorante. Vivre pleinement l'ennui peut considérablement nous tonifier. Nous finissons par tellement nous ennuyer que nous nous sentons inspiré — incité à faire quelque chose d'autre. La première réaction vis-à-vis de cette notion sera peut-être de trouver cela absurde, mais si vous examinez l'expérience elle-même, sur le vif, alors que vous vous ennuyez, vous vous apercevrez qu'un ennui intense (à ne pas confondre avec l'apathie) constitue un état très vivifiant.

Amour et indifférence

Si vous avez observé la manière dont nous formulons notre amour et notre affection pour certaines personnes, vous aurez peut-être aussi remarqué que nos affirmations, « J'aime Untel, Unetelle » ou « Je t'aime » peuvent aussi exprimer qu'il n'y a pas d'amour. Lorsque nous exprimons notre amour envers quelqu'un, nous exprimons simultanément que nous ne l'aimons pas — sinon, nous ne nous retrouverions pas à communiquer notre croyance que nous l'aimons. L'amour serait, tout simplement. Nos déclarations d'amour peuvent exprimer qu'en réalité, ce que nous prétendons éprouver n'est pas là. Lorsque nous disons « Je t'aime », il se peut que nous disions également « Je ne t'aime pas. »

Acceptation et refus

Nous éprouvons une tension chaque fois que nous souhaitons que quelque chose soit différent. Chaque fois que nous refusons une situation ou que nous nous y opposons, nous créons une tension car nous ne vivons pas ce que nous voudrions. Paradoxalement, à un autre niveau, nous sommes également attiré par notre situation ou nos circonstances. Lorsque nous refusons une situation, c'est aussi que nous l'acceptons — pourquoi nous y opposerions-nous si nous ne l'acceptions pas aussi ? Nous n'aurions aucune raison de la refuser si nous n'étions pas aussi attiré par elle. Le refus implique l'attirance. Ce refus et cette acceptation simultanés produisent un conflit et une tension qui provoquent notre stress.

La chose est parfois manifeste ; par exemple, quand un individu décide de mettre fin à une habitude, disons celle de fumer, il lutte entre le désir d'arrêter et le désir de ne pas renoncer à son habitude. Peut-être est-ce moins évident lorsque le refus concerne une expérience douloureuse telle que la perte d'un être cher ou la frustration, l'ennui dans son travail. Mais même là, nous avons beau refuser de toutes nos forces cette réalité que la vie nous impose, nous sommes en même temps contraint de l'accepter. Nous ne refusons que ce que nous acceptons aussi.

Désir et aversion

L'attirance ou le désir sont eux aussi l'expression du sentiment opposé. Si nous observons l'expérience du désir, nous pouvons constater qu'elle exprime également notre aversion à l'égard de l'objet de notre désir. Plus nous désirons quelque chose, plus grand est le fossé qui nous sépare de ce que nous désirons. Le désir est une mesure de la distance que nous devons parcourir afin de posséder, d'utiliser ou de connaître ce que nous convoitons.

À chaque fois que nous désirons quelque chose, le désir maintient l'objet désiré à une certaine distance de nous, exactement de la même manière que la résistance nous maintient à distance des choses. L'effet de notre désir est le même que lorsque nous nous opposons à quelque chose. Nous nous approchons de l'objet de notre désir jusqu'à un certain point, et ce point est une mesure de notre aversion.

La croyance « J'aimerais avoir telle ou telle chose » renferme également une aversion à obtenir ce que nous voulons. Ironiquement, nous pouvons utiliser l'attirance et le désir pour maintenir les choses à distance. Le fait de nous dessaisir du désir libère également notre aversion, nous permettant de simplement apprécier et prendre plaisir à l'expérience qui nous a attiré au départ.

Soi et l'autre

Si vous avez réfléchi à la nature de la conscience de soi, vous avez probablement découvert que l'expérience du « moi » coexiste avec une croyance que nous ne sommes pas ce moi. Si vous observez avec soin, vous verrez qu'à l'instant même où nous devenons conscient de notre « moi », ce moi devient « un autre » vis-à-vis de qui nous sommes. Dès que nous l'identifions comme tel, notre « moi » n'est plus notre moi. Dès que vous vous connaissez, ce que vous connaissez devient autre. En dernière analyse, je suis tout ce qui n'est pas moi. Vous êtes en même temps votre moi et un autre. Ainsi, connaître votre moi signifie ne pas connaître votre moi.

De même, dès que vous reconnaissez votre moi comme le sujet qui connaît des objets, vous devenez un objet pour le sujet non connu que vous êtes. À l'instant même où vous vous reconnaissez comme le sujet de ce que vous vivez, votre moi devient l'objet de votre expérience.

Voici quelques autres exemples de la manière dont les croyances coexistent (c'est-à-dire expriment et impliquent la croyance contraire) :

- Nous acquérons du pouvoir en reconnaissant nos faiblesses.
- La croyance en notre pouvoir crée une faiblesse.
- La confusion exprime la clarté (nous savons que nous sommes incohérent, que nous ne savons plus où nous en sommes).
- Solliciter de l'aide témoigne de notre ingéniosité et de notre indépendance.
- Dire : « Ce n'est pas dangereux », c'est reconnaître la possibilité d'un risque.
- Dire : « C'est dangereux » élargit les limites de ce que nous considérons comme un risque acceptable.
- Nous pouvons avoir un problème chaque fois que nous n'avons aucun problème.
- Ce n'est pas un problème d'avoir un problème puisque « la vie consiste à régler des problèmes ».
- Reconnaître notre chagrin peut nous redonner le moral. En disant : « Je me sens triste », nous pourrions tout aussi bien vouloir dire : « Maintenant, je vais bien. »

Exercice

Parmi les exemples précédents, quels sont ceux que vous reconnaissez ? Pouvez-vous trouver d'autres exemples ?

5.

Croyances conflictuelles courantes

L'expérience montre que nous nous trouvons, au cours d'une seule journée, au cœur de quantité de croyances conflictuelles. Celles-ci apparaissent souvent sous la forme de *contradictions* au niveau de nos pensées, reflétant la présence ou l'absence de telle ou telle expérience, croyance ou réalité présumée. Nous semblons souvent vivre dans un bouillon de croyances conflictuelles car, même en l'espace d'une heure, nous pouvons être happé par d'innombrables croyances diamétralement opposées ou plus ou moins divergentes.

Certaines de ces croyances contraires expriment les prémisses fondamentales de notre manière de penser. Elles œuvrent à l'arrière-plan, produisant un degré faible mais quasi permanent de frustration et d'anxiété. D'autres engendrent un stress et un conflit plus prononcés. D'autres encore peuvent être à l'origine d'événements graves dans notre vie, et même mettre notre existence en danger.

Exercice

Vous trouverez dans ce chapitre la liste d'un certain nombre de croyances contradictoires, classées par catégories. Au fur et à mesure de votre lecture, cochez celles que vous retrouvez dans vos propres pensées. Peut-être serez-vous surpris(e) de constater le nombre élevé de croyances qui vous concernent. Concentrez-vous sur celles auxquelles vous avez eu affaire au cours de l'année passée.

Observez les types de pensées qui vous viennent tandis que vous lisez ces listes. Si vous ne reconnaissez qu'un seul pôle de la paire contradictoire, cochez la case correspondante car l'autre pôle sera aussi présent, même si vous n'en avez pas conscience. Vous n'avez pas obligatoirement à être conscient(e) des deux croyances. Par exemple, vous pouvez vous apercevoir que vous pensez souvent : « Oui, je suis en forme, en bonne santé. » Si cette pensée vous vient relativement souvent, cela signifie qu'à l'arrière-plan vous nourrissez aussi — que vous en soyez conscient(e) ou non — l'inquiétude de ne pas être en forme et en bonne santé.

Les listes qui suivent sont des exemples réels des types de pensées qui peuvent venir à l'esprit. Elles ne sont pas exhaustives et vous penserez sans doute à une multitude d'autres pensées qui vous sont propres et que nous n'avons pas répertoriées. Vous pouvez les ajouter à ces listes si vous le souhaitez.

Contradictions d'ordre physique

Les exemples ci-dessous correspondent à des croyances ou à des attitudes contradictoires vis-à-vis de notre corps et de notre condition physique. Ces croyances engendrent un état de stress et de tension corporels pouvant se transformer en douleur physique et en maladie.

- ❑ Je suis en bonne santé — je ne suis pas en bonne santé.
- ❑ Je suis gros(se) — je ne suis pas gros(se).
- ❑ Je suis mince — je ne suis pas mince.
- ❑ J'ai besoin d'une cigarette — je n'ai pas besoin d'une cigarette.
- ❑ J'ai besoin de m'éclater — je n'ai pas besoin de m'éclater.
- ❑ Je suis jeune — je suis vieux (vieille).
- ❑ J'ai besoin de faire l'amour — je n'ai pas besoin de faire l'amour.
- ❑ Je suis trop jeune — je ne suis pas trop jeune.
- ❑ Je suis trop vieux (vieille) — je ne suis pas trop vieux (vieille).

- ❑ J'ai besoin de boire un verre — je n'ai pas besoin de boire un verre.
- ❑ Je suis trop grand(e) — je ne suis pas trop grand(e).
- ❑ Je suis trop petit(e) — je ne suis pas trop petit(e).
- ❑ Je suis en forme — je ne suis pas en forme.
- ❑ Je suis rouillé(e) — je ne suis pas rouillé(e).
- ❑ J'ai besoin de faire de l'exercice — je n'ai pas besoin de faire de l'exercice.
- ❑ Je suis malade — je ne suis pas malade.
- ❑ Je suis fatigué(e) — je ne suis pas fatigué(e).
- ❑ Je suis à l'aise — je ne suis pas à l'aise.
- ❑ Je suis beau (belle) — je ne suis pas beau (belle).
- ❑ Je suis laid(e) — je ne suis pas laid(e).
- ❑ Cela fait mal — cela ne fait pas mal.
- ❑ Je suis sexy — je ne suis pas sexy.
- ❑ Je suis épuisé(e) — je ne suis pas épuisé(e).

Contradictions d'ordre intellectuel

Ces contradictions peuvent produire des pensées perturbantes et pénibles. En voici quelques exemples :

- ❑ Je suis intelligent(e) — je ne suis pas intelligent(e).
- ❑ Je suis stupide — je ne suis pas stupide.
- ❑ J'ai du mal à y voir clair — je n'ai pas de mal à y voir clair.

- ❑ Je comprends — je ne comprends pas.
- ❑ Je perds mon temps — je ne perds pas mon temps.
- ❑ J'apprends — je n'apprends pas.
- ❑ Je suis quelqu'un de spécial — je suis quelqu'un d'ordinaire.
- ❑ J'ai des préjugés — je n'ai pas de préjugés.
- ❑ Je suis soigneux — je suis négligent.
- ❑ J'ai suffisamment accompli — je n'ai pas suffisamment accompli.
- ❑ Je fais cela en vain — je ne fais pas cela en vain.
- ❑ Je suis ambitieux(se) — je ne suis pas ambitieux(se).
- ❑ Je suis têtu(e) — je ne suis pas têtu(e).
- ❑ Je peux attendre — je ne peux pas attendre.
- ❑ Cela ne peut pas m'arriver — cela peut m'arriver.
- ❑ Je suis digne d'estime — je ne suis pas digne d'estime.
- ❑ Je suis dépensier(ère) — je ne suis pas dépensier(ère).
- ❑ Je suis avare — je ne suis pas avare.
- ❑ Je contrôle la situation — je ne contrôle pas la situation.
- ❑ Je suis une bonne personne — je suis une mauvaise personne.
- ❑ Je suis sûr(e) de moi — je ne suis pas sûr(e) de moi.
- ❑ Je suis timide — je ne suis pas timide.
- ❑ Je suis extraverti(e) — je suis introverti(e).

- ❑ C'est juste — ce n'est pas juste.
- ❑ Cela a réellement de l'importance — cela n'a pas vraiment d'importance.
- ❑ Cela changera — cela ne changera pas.
- ❑ Cela va durer — cela ne va pas durer.
- ❑ Je suis à l'origine de ceci — je ne suis pas à l'origine de ceci.
- ❑ C'est de ma faute — ce n'est pas de ma faute.
- ❑ Je le mérite — je ne le mérite pas.
- ❑ C'est difficile — c'est facile.
- ❑ Je devrais faire cela — je ne devrais pas faire cela.
- ❑ Il n'y a rien à faire — il y a quelque chose à faire.
- ❑ J'ai assez — je n'ai pas assez.
- ❑ J'arriverai à terminer ceci — je n'arriverai pas à terminer ceci.
- ❑ J'ai commis une erreur — je n'ai pas commis d'erreur.

Contradictions d'ordre émotionnel

Ces contradictions donnent leur forme à nos humeurs et à nos émotions. Elles déterminent ce que nous ressentons vis-à-vis de nous-même et du monde. Les paires contradictoires qui suivent ne constituent que quelques exemples :

- ❑ Je suis faible — je ne suis pas faible.
- ❑ J'ai du pouvoir — je n'ai pas de pouvoir.

- ❑ Je suis paisible — je suis agité.
- ❑ Je suis obsédé — je ne suis pas obsédé.
- ❑ Je suis heureux — je suis triste.
- ❑ J'ai besoin de X — je n'ai pas besoin de X.
- ❑ Je suis digne d'amour — je ne suis pas digne d'amour.
- ❑ Je suis déçu(e) — je ne suis pas déçu(e).
- ❑ Je vais m'en sortir — je ne vais pas m'en sortir.
- ❑ Je suis résigné(e) — je ne suis pas résigné(e).
- ❑ J'aime X — je n'aime pas X.
- ❑ Je déteste X — je ne déteste pas X.
- ❑ J'aime être sous pression — je n'aime pas être sous pression.
- ❑ Je suis bon — je ne suis pas bon.
- ❑ Je suis cruel(le) — je ne suis pas cruel(le).
- ❑ J'ai peur — je n'ai pas peur.
- ❑ Je suis en colère — je ne suis pas en colère.
- ❑ Je suis contrarié(e) — je ne suis pas contrarié(e).
- ❑ Je suis nerveux(se) — je ne suis pas nerveux(se).
- ❑ J'ai confiance — je n'ai pas confiance.
- ❑ Je suis vulnérable — je ne suis pas vulnérable.
- ❑ Je suis satisfait(e) — je ne suis pas satisfait(e).
- ❑ Je suis sain(e) d'esprit — je suis fou (folle).
- ❑ C'est ennuyeux — c'est intéressant.
- ❑ C'est douloureux — c'est agréable.
- ❑ C'est dangereux — c'est sans danger.
- ❑ C'est amusant — ce n'est pas amusant.
- ❑ C'est sérieux — ce n'est pas sérieux.

Contradictions d'ordre social

Le stress au niveau social est créé par des contradictions dans nos croyances touchant notre rapport aux autres. Ces contradictions produisent des tensions entre individus et une détérioration de la communication. Elles peuvent être la cause de problèmes relationnels, de disputes, de mauvais traitements à enfant, de harcèlement, de vandalisme, de conflits raciaux, de conflits politiques, d'assassinats et de guerres.

Voici quelques exemples de contradictions d'ordre social :

- ❑ Je me sens seul(e) — je ne me sens pas seul(e).
- ❑ Il me faut davantage d'amis — j'ai assez d'amis ainsi.
- ❑ Je suis indépendant(e) — je suis dépendant(e).
- ❑ J'aime X — je déteste X.
- ❑ C'est important — c'est sans importance.
- ❑ Je me tiens en retrait — je ne me tiens pas en retrait.
- ❑ J'ai confiance en X — je n'ai pas confiance en X.
- ❑ Je suis jaloux(se) — je ne suis pas jaloux(se).
- ❑ X est important(e) — X n'est pas important(e).

- ❑ On me comprend — on ne me comprend pas.
- ❑ Je veux avoir des enfants — je ne veux pas avoir d'enfants.
- ❑ Je suis faible — je ne suis pas faible.
- ❑ J'ai du pouvoir — je n'ai pas de pouvoir.
- ❑ Je suis trop dominateur(trice) — je ne suis pas trop dominateur(trice).
- ❑ Je suis trop docile — je ne suis pas trop docile.
- ❑ Je vais être en retard — je ne vais pas être en retard.
- ❑ X va être en retard — X ne va pas être en retard.
- ❑ Il faut que j'agisse — je n'ai pas besoin d'agir.
- ❑ X est sensible — X n'est pas sensible.
- ❑ J'ai besoin d'une relation intime — je n'ai pas besoin d'une relation intime.
- ❑ X y arrivera — X n'y arrivera pas.
- ❑ Quelqu'un d'autre va le faire — personne d'autre ne va le faire.
- ❑ Je dois gagner — je ne dois pas gagner.
- ❑ Je dois perdre — je ne dois pas perdre.
- ❑ X va le savoir — X n'en saura rien.
- ❑ X m'a fait du mal — X ne m'a rien fait.
- ❑ Je pardonne à X — je ne pardonne pas à X.
- ❑ X va aider — X ne va pas aider.
- ❑ Je suis redevable envers X — je ne suis pas redevable envers X.
- ❑ Je suis sérieux(se) — je suis irresponsable.
- ❑ C'est de ma faute — ce n'est pas de ma faute.

Contradictions d'ordre spirituel

Les contradictions au niveau spirituel engendrent des problèmes religieux et existentiels. Elles sont également à l'origine du développement des religions et des traditions spirituelles — généralement sans grand résultat puisque, involontairement, ces traditions favorisent les conflits mêmes qu'elles visent à résoudre.

Voici une liste non exhaustive de contradictions spirituelles :

- ❑ J'existe — je n'existe pas.
- ❑ Je suis mon corps — je ne suis pas mon corps.
- ❑ Cela est réel — cela n'est pas réel.
- ❑ Cela est rationnel — cela est irrationnel.
- ❑ Je vivrai encore après ma mort — il n'y a pas de vie après la mort.
- ❑ Je serai sauvé(e) — je ne serai pas sauvé(e).
- ❑ On peut espérer — il ne faut pas espérer.
- ❑ Dieu existe — Dieu n'existe pas.
- ❑ Les gens sont tous les mêmes — chacun est différent.
- ❑ L'amour fait des miracles — l'amour ne change rien du tout.
- ❑ L'homme est essentiellement bon — l'homme est essentiellement mauvais.

- ❑ La vie est stressante — la vie n'est pas stressante.
- ❑ Cela est parfait — cela n'est pas parfait.
- ❑ Cela est bien — cela est mal.
- ❑ Les choses devraient être ainsi — les choses ne devraient pas être ainsi.
- ❑ J'ai trouvé — je n'ai pas trouvé.

Tous les exemples que nous venons de citer constituent des croyances « contradictoires ». Nous ne sommes pas toujours conscient des croyances contradictoires qui gouvernent notre stress, car elles se dissimulent dans nos pensées. Lorsque nous croyons un seul des deux pôles, comme par exemple : « Je suis fortuné », nous n'avons bien souvent pas conscience de l'autre croyance : « Je suis pauvre », qui existe également dans nos pensées. La contradiction est donc facilement masquée. Ce n'est que lorsque la croyance opposée : « Je suis pauvre », sort des nimbes et se dessine dans notre conscience que nous reconnaissons la source de notre stress.

Le mental peut être un champ de bataille

Ces contradictions peuvent être vécues comme un champ de bataille mouvementé (et parfois violent) sur lequel nous nous évertuons à maintenir une vision cohérente de nous-même et du monde — entreprise inéluctablement vouée à l'échec puisque la pensée est par nature contradictoire.

En fait, nous pourrions dire que deux croyances contraires procèdent comme deux ennemis. Chaque fois que nous pensons quelque chose, par exemple : « Je suis heureux », cette croyance occupe le terrain, chassant son opposé. Elle se comporte comme si elle était intrinsèquement réelle et pouvait exister sans l'autre ; nous pensons « Je suis heureux » comme s'il s'agissait du tableau entier. La croyance se conduit comme si elle pouvait exister par elle-même. Elle agit comme si elle était en droit d'exister indépendamment de la croyance opposée.

Il s'ensuit que les croyances se livrent mutuellement bataille, se chamaillant sans cesse ; tantôt c'est l'une qui prend le dessus, tantôt c'est l'autre. Nous souffrons et nous nous sentons stressé parce que nous ressentons simultanément une attraction et une répulsion vis-à-vis des croyances conflictuelles. Nos luttes dans et contre le monde ne sont que des reflets de ces batailles intérieures.

Nous finissons par ne plus pouvoir nous passer du bref soulagement ressenti lorsque nous nous fixons sur une croyance ou une autre, cela devient comme une drogue. Si, par exemple, nous pensons : « Je vais y arriver », nous sommes temporairement délivré du stress produit par le fait de croire deux choses contradictoires. Toutefois, nous ne tardons pas à douter de notre capacité à « y arriver », et nous sommes de nouveau plongé dans la spirale infernale des croyances contradictoires — et dans le stress qui l'accompagne.

Nous repoussons les croyances menaçantes hors de notre conscience

Ces pensées et jugements contradictoires nous soumettent à un stress permanent tandis que nous tentons de prendre et reprendre un ensemble de croyances stables et fixes sur nous-même et sur le monde. Nous luttons pour maintenir les croyances contraires à distance les unes des autres. Si cela s'avère nécessaire, nous étouffons l'une des deux, la rejetant hors de notre conscience en n'y prêtant plus aucune attention. Nous entretenons des stratégies afin de pouvoir continuer à ne pas voir la coexistence des croyances conflictuelles.

Mais, tandis que nous nous employons à verrouiller la porte pour maintenir une croyance hors de notre esprit, celle-ci se tient toujours au seuil de notre conscience, essayant de forcer la serrure et remettant en cause ce que nous croyons.

Pensées et croyances conflictuelles

Lorsque des croyances entrent en conflit mais ne sont pas vraiment opposées, nous les qualifions simplement de « conflictuelles ». « Je suis intelligent » et « J'ai des difficultés avec les mathématiques », par exemple, sont des croyances conflictuelles. Elles ne vont pas très bien ensemble. « Je suis quelqu'un d'efficace » et « Je suis débordé » en constituent un autre exemple. Ces croyances entrent en conflit, mais ne se contredisent pas directement. Nous vivons la plupart du temps dans un océan de croyances conflictuelles.

Les croyances conflictuelles sont des sous-produits des contradictions primaires : celles-ci produisent les cortèges de pensées inachevées et souvent désordonnées qui suintent de notre esprit. Ce sont elles qui créent l'espace où viennent prendre place les pensées sans suite et sinueuses qui tissent leur écheveau dans notre mental, sous la forme de souvenirs, d'appréciations et interprétations du présent, d'anticipations à propos de l'avenir.

Les pensées sont comme les traces superficielles de conflits plus fondamentaux. Lorsque nous traversons une période de conflit intense, nos pensées explosent parfois, libérant un flot dense et chaotique de jugements et d'interprétations.

Toutefois, au fur et à mesure que sont harmonisés les conflits, les pensées se raréfient et deviennent plus cohérentes. Dans un état de réelle harmonie, nos pensées sont stables, légères et maîtrisées.

QUESTION

Vous dites que je connais le stress et le conflit parce que je suis persuadé qu'il me faut être bon, aimant, etc., et que je parviens à cela en refoulant les croyances contraires. Voulez-vous dire que je devrais cultiver les croyances contraires — que je suis mauvais, que j'ai le cœur sec, etc. ?

RÉPONSE

Pas du tout. Ces croyances négatives sont déjà là — elles ne peuvent pas ne pas être là. Il ne s'agit donc pas de les cultiver, mais de cesser de nier l'existence de ces croyances selon lesquelles vous êtes mauvais, pas aimant, etc. Cette étape est le premier pas indispensable permettant de dissoudre le conflit.

6.

Harmoniser les croyances conflictuelles

Pour harmoniser les croyances opposées, il suffit de leur permettre de revenir à la source de conscience indifférenciée dont elles proviennent. C'est ce qui se produit chaque fois que nous nous détendons, lâchons prise et abandonnons tout effort visant à maintenir inconsciemment le conflit intérieur.

Mais nous tendons, par la force de l'habitude, à intercepter ce mouvement naturel en nous accrochant à la trajectoire imprévisible des pensées qui ondoient dans et hors de notre esprit. Nous nous cramponnons à nos pensées au fur et à mesure qu'elles apparaissent et, tel un ouistiti se balançant de branche en branche, nous nous trouvons irrépressiblement pris dans un torrent de croyances contradictoires.

Toutefois, si nous abandonnons nos pensées à elles-mêmes, les croyances retournent à leur source. Si nous abandonnons les croyances à elles-mêmes, si nous les laissons libres, sans nous y attacher ni nous en occuper, elles redeviennent spontanément des paires contradictoires puis, naturellement et sans effort, se dissolvent l'une dans l'autre et retournent à leur source. Le mouvement naturel tend toujours vers une dissolution du conflit.

Comment résoudre les contradictions primaires

Il suffit pour cela d'observer comment nos pensées peuvent produire un tel stress. Prenons un exemple : à un certain moment, nous pensons que nous sommes une personne aimante et chaleureuse. Mais, en même temps, nous sommes tout aussi convaincu que nous n'avons pas assez d'amis. La pensée que nous n'avons pas assez d'amis se trouve alors en tension avec la croyance que nous sommes aimant et chaleureux. L'une des manières de travailler sur cette tension consiste à faire l'expérience d'un conflit encore plus profond et fondamental au sein de nos croyances. Lorsque nous nous fixons sur l'idée que nous sommes aimant et chaleureux, nous rejetons la possibilité que nous puissions aussi être perçu comme quelqu'un de froid et d'indifférent.

Autre exemple : nous pensons que nous sommes authentique, mais nous sentons également que les autres ne nous font pas pleinement confiance. Le conflit de base provient de notre incapacité à reconnaître une croyance en notre propre manque d'authenticité.

Si nous prenons le temps de ressentir la présence de ces croyances enfouies et rejetées, nous pouvons constater qu'à *chaque fois* que nous nous accrochons à une croyance, nous éprouvons une tension — et cela parce que nous rejetons la croyance opposée. Nous agissons ainsi par habitude et de façon automatique, aussi bien pour les croyances positives que pour les négatives.

Cependant, lorsque nous nous autorisons à vivre la croyance opposée, nous éprouvons immédiatement un relâchement du stress et de la tension intérieure. Pour ce faire, nous allons permettre à notre conscience de s'élargir et de moins se fixer sur une seule pensée ou croyance. Et lorsque notre conscience pénètre sous les structures de nos croyances, nous découvrons que nos fixations nous empêchent de voir la présence en nous-même de chaque chose que nous rejetons.

La moitié du travail est déjà accomplie

D'un certain point de vue, nous avons déjà effectué la moitié du travail d'harmonisation des conflits puisque, comme vous avez pu le constater en examinant la liste des croyances contradictoires, ces dernières se rencontrent et se heurtent sans cesse dans nos pensées. Au lieu de considérer ces conflits comme un problème, nous pouvons y voir une occasion de permettre aux croyances conflictuelles de fusionner et de se dissoudre. Au lieu d'essayer de les séparer par la force, nous pouvons simplement les laisser retourner à la quiétude de leur état naturel. Dans cette perspective, ce à quoi nous avons auparavant résisté devient un allié — un outil vital des plus précieux.

Tout ce que nous avons à faire, c'est de nous détendre et d'abandonner tout effort visant à exercer notre contrôle et à manipuler. Paradoxalement, il n'y a aucun « faire » de notre part dans ce processus. Lâcher prise n'est pas une action. Il s'agit simplement d'autoriser le déroulement de ce qui arrive sans s'en mêler ni même s'y intéresser vraiment.

Les croyances génératrices de stress peuvent être résolues à différents niveaux. En dernier ressort, les croyances conflictuelles sont dissoutes lorsque nous acceptons le fait qu'une croyance ne peut exister qu'en compagnie de son opposé, et que nous laissons se produire une fusion naturelle de ces opposés.

La peur de perdre nos croyances

INQUIÉTUDE

Si je me sers de la croyance opposée pour dissoudre une croyance négative, la croyance positive va s'évaporer en même temps. Ce que je désire (et dont j'ai besoin) va se dissoudre en même temps que ce dont je ne veux pas. Si je me sers de mes croyances positives pour dissoudre mes croyances négatives, il ne me restera plus de croyances du tout, bonnes ou mauvaises !

Cette inquiétude qu'en dissolvant une croyance négative nos croyances positives correspondantes seront également détruites constitue souvent ce qui entrave notre capacité à libérer des émotions limitatives. Nous craignons que ce que nous recherchons ne soit démantelé en même temps que ce que nous voulons changer ! Nous pouvons même avoir peur de nous retrouver sans aucune croyance du tout, ni bonne, ni mauvaise !

Cependant, si nous examinons de près cette inquiétude, nous constaterons que : « Il ne me restera plus aucune croyance » constitue en soi une croyance — de même que toute autre crainte du type : « Je vais tout perdre », ou bien « Il ne me restera plus rien ». Il est impossible d'avoir une croyance sans que son opposé soit également là.

La croyance qu'il ne restera plus rien si nous nous débarrassons de toutes les croyances pose problème uniquement parce que nous pensons que nous ne ferons plus l'expérience de rien — auquel cas il n'y aura pas « rien ». Il y aura nous avec toutes nos croyances. En fait, rien ne changera — ce qui peut devenir une autre source de peur. Mais si nous craignons que rien ne change, nous craignons aussi que tout change. Si nous croyons qu'il ne restera plus rien, nous croyons aussi qu'il restera quelque chose.

Si nous sommes toujours mal à l'aise à l'idée qu'il « ne restera rien » si nous venons à dissoudre toutes nos croyances, nous pouvons dissiper la croyance « Il ne restera rien » au moyen de la croyance « Rien n'aura changé ».

Et maintenant, réfléchissons à ceci : que restera-t-il lorsque la croyance « Il ne restera rien » aura été dissoute ?

Exercice

Réfléchissez aux questions suivantes : Si vous n'êtes ni un lâche ni un héros, que serez-vous ? Si vous n'êtes ni riche ni pauvre, que serez-vous ? Si vous vous considérez comme n'étant ni stupide ni intelligent, que serez-vous ?

Dépasser le besoin de croyances positives

Nous croyons généralement avoir besoin de nos croyances positives. Nous croyons que celles-ci sont souhaitables, utiles, voire nécessaires à notre survie. La pensée de se trouver dépourvu de telles croyances peut être stressante ! Nous tenons pour acquis qu'il est important pour notre bien-être et notre bonheur de nous croire aimant, intelligent, compétent, bon, attentionné, fortuné, etc.

Cependant, si nous étudions cela de plus près, nous pouvons voir le hiatus inhérent à cette manière typique de penser. Nous avons besoin de nous croire courageux pour la seule raison que nous pouvons aussi être lâche. Si nous ne pouvions pas nous comporter avec lâcheté, nous n'aurions pas *besoin* d'être courageux. Nous serions simple et naturel, voilà tout. Nous avons besoin de croire que nous sommes intelligent pour la seule raison que nous avons peur d'être bête, ou pas très intelligent. Si nous n'avions aucun doute sur notre intelligence, nous n'aurions aucun besoin de nous dire que nous sommes intelligent. Nous ferions simplement ce que nous sommes capable de faire. Nous avons besoin de croire que nous sommes bon dans le seul but de nous dissimuler notre peur d'être cruel. Si nous ne pouvions pas nous montrer cruel, nous n'aurions pas besoin d'être bon. Nous nous contenterions de nous comporter en adéquation avec la situation.

Nos croyances positives servent uniquement à renforcer nos croyances négatives. Croire que nous sommes intelligent implique automatiquement que nous ne nous croyons pas intelligent ; sinon, cette pensée ne nous viendrait même pas à l'esprit. Elle n'existerait tout simplement pas. Nous pouvons voir cela en observant combien les personnes de notre entourage réagissent différemment aux louanges, aux reproches, aux opinions des autres, etc. Si notre perception de nous-même ne contient pas la notion d'être une personne intelligente ou stupide, nous ne pouvons entendre ni louange ni reproche quant à notre intelligence ou notre manque d'intelligence. Cela n'a aucune prise sur nous. De même, si nous n'entretenons aucune croyance particulière sur notre aspect physique, les critiques ou les flatteries sur notre apparence n'affecteront pas du tout notre équilibre.

C'est notre refus de renoncer à nos croyances

positives qui nous empêche d'éliminer nos croyances négatives. C'est notre attachement aux croyances positives qui, de façon ironique, nous maintient attaché avec une force égale aux négatives. En fait, dès que nous nous libérons des croyances négatives, nous n'avons plus besoin des positives.

Nous pouvons commencer à voir que *n'importe quelle* croyance sur nous-même implique instantanément son opposé. En expérimentant activement cette nouvelle possibilité, nous verrons nos croyances se dissoudre simplement d'elles-mêmes avant même d'avoir pu nous imposer leur loi — et cela vaut pour toutes les croyances, positives et négatives, et toute inquiétude à propos de la perte de nos croyances.

Un maître zen chinois a dit un jour : « S'il n'existe aucune croyance, il n'y a même pas absence de croyances. »

L'ouverture naturelle

L'harmonisation *naturelle* des croyances conflictuelles libère l'énergie qui alimente la séparation et la déconnexion, nous permettant ainsi de nous engager dans la vie de façon plus immédiate, plus spontanée. Lorsque ce processus prend place sans effort, intention ou choix de notre part, nous lui donnons le nom d'« ouverture naturelle ».

L'ouverture naturelle, c'est la résolution automatique et spontanée des croyances en paires d'opposés, puis leur dissolution.

Il est possible de faire une percée et de vivre tout à coup une expérience de vraie liberté ou présence, au sein de laquelle l'ouverture naturelle survient automatiquement et de façon invisible. Cela se produit fréquemment tandis que nous travaillons directement avec les personnes qui participent à nos stages ou que nous recevons en entretien privé. Cette expérience peut sembler n'avoir aucun lien avec ce qui se passait juste avant, même s'il s'agissait d'une conversation profonde, d'une expérience émotionnelle intense, paradoxale, ou d'une période de silence.

Il semble cependant que, plus nous sommes accordé aux rythmes de notre propre psyché et aux structures de croyance qui peuvent paraître nous avoir limité jusque-là, plus nous devenons apte à lâcher prise et à abandonner tout effort destiné à diriger ou manipuler notre expérience.

L'ouverture naturelle en tant que méthode

Nous avons conçu, et utilisé, un procédé qui libère naturellement les croyances conflictuelles. Ce dernier stimule en effet le processus par lequel les croyances déconnectées sont déchargées de leur énergie, permettant ainsi aux croyances conflictuelles de retourner à leur état indifférencié originel. C'est une façon très douce de dénouer la souffrance et le conflit, essentiellement parce qu'elle nous demande simplement de libérer l'énergie qui fragmente notre pensée et nous conduit à croire des choses contradictoires.

Cette méthode peut être enseignée et apprise. Elle consiste à fusionner les énergies des croyances conflictuelles, leur permettant de s'incorporer l'une dans l'autre. Lorsque ces croyances se dissolvent l'une dans l'autre, nous éprouvons une libération spontanée de tout stress et toute tension résiduels.

L'esprit libérateur

La méthode de l'ouverture naturelle se fonde sur notre faculté d'accéder à un niveau de conscience que nous nommons l'« esprit libérateur ». Il s'agit là d'un niveau de conscience fondamental, où la souffrance et le conflit commencent à prendre forme. Ce niveau constitue pour ainsi dire le lubrifiant qui va permettre la dissolution de la souffrance.

Il s'agit là d'une conscience subtile car, bien que nous puissions en faire l'expérience, elle ne possède aucun contenu manifeste. Nous pourrions la comparer à l'air. Bien que l'air constitue notre source d'existence la plus élémentaire, la plus immédiate et la plus essentielle, nous oublions souvent sa présence et négligeons son importance.

Exercice d'ouverture naturelle

Préliminaire. Pour pratiquer cet exercice, il vous faut tout d'abord faire le vide pendant un laps de temps suffisant, disons environ une heure, afin d'être très détendu et ouvert.

Généralement, cette pratique se réalise sous la conduite d'une personne expérimentée, mais vous pouvez aussi vous y engager par vous-même si les conditions sont favorables. Un cœur et un état d'esprit ouverts, méditatifs sont indispensables. Si vous êtes tendu, soucieux, ou si vous vous trouvez dans tout autre état émotionnel négatif, cet exercice n'aura pas l'effet escompté.

Commencez par concentrer votre attention sur une situation qui vous limite, dans laquelle vous vous sentez enfermé, gêné, à l'étroit — ce peut être une relation, votre santé, votre travail, etc.

Visualisez et ressentez la connexion avec la situation que vous avez choisie. Lorsque cette connexion est claire et bien établie, posez-vous la question suivante :

Y A-T-IL UNE CROYANCE QUI ME LIMITE ?
Notez et identifiez mentalement toute croyance vous venant à l'esprit. Ne modifiez pas et ne jugez pas votre réponse.

MAINTENANT, RESSENTEZ LA PRÉSENCE DE CETTE CROYANCE.
Fermez les yeux et prenez le temps de ressentir la présence de cette croyance dans vos pensées, dans vos sentiments, dans les images et les souvenirs qui vous viennent, dans votre corps. Ressentez sa présence pleinement, jusqu'à ce qu'il ne s'élève plus aucune image, pensée, sentiment, etc.

PUIS RESSENTEZ L'ABSENCE DE CETTE CROYANCE.
Fermez les yeux et prenez le temps de ressentir l'absence de cette croyance dans vos pensées, dans vos sentiments, dans les images et les souvenirs qui vous viennent, dans votre corps. Ressentez son absence pleinement, jusqu'à ce qu'il ne s'élève plus aucune image, pensée, sentiment, etc.

ENSUITE, RESSENTEZ SIMULTANÉMENT À LA FOIS LA PRÉSENCE ET L'ABSENCE DE CETTE CROYANCE.
Fermez les yeux et prenez le temps de ressentir en même temps et sa présence et son absence. Laissez toutes les pensées, tous les sentiments, toutes les images, tous les souvenirs, toutes les sensations physiques être éprouvés en même temps et fusionner ensemble.
Éprouvez pleinement cela jusqu'à ce qu'il ne s'élève plus aucune image, pensée, sentiment, etc.

SANS FAIRE AUCUN EFFORT, LAISSEZ SIMPLEMENT L'EXPÉRIENCE SE DISSOUDRE.
Donnez-vous le temps de simplement ressentir l'espace de cette expérience.

Continuez de vous poser la question initiale (Existe-t-il une croyance qui me limite ?) et répétez ce processus jusqu'à ce qu'il ne vous vienne plus aucune croyance limitative à l'esprit.

Cet exercice peut être pratiqué chaque fois que nous ressentons la présence de croyances conflictuelles et limitatives, même celles acquises en lisant ce livre ! L'une de ces croyances acquises pourrait bien être, par exemple, que la souffrance est provoquée par des croyances conflictuelles, puisque dans ce livre nous abordons la souffrance sous cet angle.

En nous incitant à éprouver les deux polarités de notre relation à nos croyances — dans ce cas particulier, la présence et l'absence d'une croyance —, cet exercice nous permet de nous connecter aux structures de croyance plus subtiles qui sous-tendent notre expérience.

Cet exercice peut aussi se pratiquer en remplaçant les mots « présence » et « absence » par « attraction » et « aversion », qui permettent à certaines personnes de se connecter plus fortement aux deux polarités. Mais dans les deux cas, cette pratique nous permet d'abandonner l'effort même qui maintient nos croyances déconnectées et suscite ainsi notre souffrance.

Employée intelligemment, cette méthode provoque une expérience de présence alerte et détendue. Son déroulement même est en lui-même délicieux. Et comme elle reflète la voie la plus naturelle et la plus directe qui soit pour harmoniser le conflit, elle devient rapidement un automatisme.

Avec le temps, nous pouvons en venir à apprécier l'aisance naturelle et la présence universelle de ce processus. Nous commençons à percevoir le germe d'harmonie qui réside au cœur de tout conflit, et nous apprenons à favoriser l'harmonisation naturelle du conflit en anticipant légèrement l'interdépendance, la fusion et la dissolution des croyances opposées avant même qu'elles n'aient eu le temps de nous imposer leur loi et de nous expédier dans des situations douloureuses et débilitantes.

Une fois que nous sommes habitué à pratiquer correctement l'ouverture naturelle, nous pouvons la considérer comme une expérience qui nous est toujours accessible. Lorsque nous activons une situation potentiellement stressante, nous disposons aussi à chaque fois de la possibilité de la laisser retourner à un état harmonieux. Par exemple, avant de nous engager dans une dispute, il y a toujours un stade où nous avons la possibilité de simplement laisser les choses être ce qu'elles sont.

Et maintenant, si vous continuez de croire que la souffrance est vraiment provoquée par des croyances conflictuelles, nous vous invitons à relâcher cette croyance en voyant qu'elle implique aussi son opposé — à savoir que la souffrance n'a absolument rien à voir avec les croyances conflictuelles. La croyance que la souffrance est engendrée par des croyances conflictuelles pourra alors être relâchée. Et une fois cette croyance relâchée, les croyances conflictuelles pourront simplement être là, sans susciter aucune souffrance ni aucun stress.

Les croyances conflictuelles ne sont que des croyances conflictuelles. En fait, penser que deux croyances sont en conflit n'est qu'une croyance.

Lâcher prise sur la pratique de l'ouverture naturelle

Tandis que nous acquérons une certaine compétence dans la pratique de l'ouverture naturelle, nous devons veiller à ne pas en abuser. Au début, la pratique de l'ouverture naturelle peut effectivement nous permettre de connaître une manière d'être plus spacieuse et plus sereine mais, une fois entré dans cet état, il importe de ne pas le pervertir ou interférer par un emploi abusif des procédures qui nous y ont conduit.

La libération automatique et *naturelle* du conflit peut en effet être *interrompue* par l'usage de la méthode d'ouverture naturelle, ou aussi bien de toute autre méthode. Il convient simplement de goûter à l'aisance et à la simplicité de notre condition naturelle. En fait, lorsque nous sommes présent, il est impossible de *pratiquer* l'ouverture naturelle, parce que cela devient complètement hors de propos.

Une pratique, quelle qu'elle soit, a la capacité de nous *conditionner* si nous ne sommes pas vigilant. Et s'il nous venait l'idée que nous avons besoin d'avoir recours à la pratique de l'ouverture naturelle, nous pourrions aussi dissoudre cette limitation.

DEUXIÈME PARTIE

NOTRE RELATION AU « SAVOIR »

7.

Savoir : une chimère qui pourtant nous fascine

Jour après jour, nos croyances exercent sur notre vie une influence inéluctable et primordiale, façonnant directement notre expérience. Nos pensées, qui reflètent nos croyances profondes et superficielles, sont la plupart du temps si automatiques et si transparentes que nous les remettons très rarement en question. Nous tenons naturellement pour établi, semble-t-il, que nos pensées correspondent à la réalité !

Cet état de fait est tout particulièrement vrai lorsque nous nous trouvons sous l'emprise d'états et d'émotions intenses. Une pensée isolée ne contient pas assez d'énergie ou d'élan pour déclencher un tel état, car il s'agit là d'une disposition qui imprègne tout notre être et que seules des pensées et croyances récurrentes peuvent engendrer.

Les croyances spécifiques produisent des dispositions d'esprit bien distinctes, qui seront positives ou négatives selon les pensées qui les accompagnent. Si nous pensons très fréquemment que la vie est magnifique, qu'elle nous offre d'innombrables opportunités, que nos amis et notre famille nous aiment et nous soutiennent, nous nous trouverons naturellement d'humeur optimiste et joyeuse. À l'inverse, lorsque nous avons la conviction que les choses vont toujours mal, qu'aucune opportunité nouvelle ne s'offre à nous, que le soutien désiré brille par son absence *et* que nous ne voyons pas comment les choses pourraient changer, nous serons selon toute vraisemblance malheureux et résigné. Si l'on nous confie un nouveau projet au travail et que nous nous sentons fortement motivé pour l'accomplir, ce sera autre chose — nous nous impliquerons et y investirons toute notre énergie. Mais si le projet en question nous semble absurde et que nous ne voyons aucune raison de le mener à bien, nous ressentirons probablement de l'ennui et du désintérêt.

Lorsque nous sommes sous l'emprise des histoires et des croyances qui alimentent nos humeurs, il peut être difficile de reconnaître simplement que nous nous trouvons dans cette disposition, et encore plus ardu de transformer cette disposition négative en un état plus neutre, moins porteur de stress. La chose est pourtant faisable.

Cela commencera lorsque nous pourrons prendre n'importe quelle situation qui nous perturbe ou nous bouleverse — qu'il s'agisse d'une relation (avec notre conjoint, notre famille ou nos amis) ou de soucis d'ordre financier, professionnel, physique ou spirituel — et comprendre que ce qui la rend problématique réside directement dans notre façon de la considérer. La prise de conscience du pouvoir de nos pensées sur ce que nous vivons nous apporte une clé capitale pour transformer notre expérience.

Et si nous nous demandions enfin ce qui est réel ?

La plupart du temps, nous prenons pour acquis que nos opinions reflètent véritablement la réalité, ce que sont les choses. Nos dispositions d'esprit, qui vont de pair avec des pensées récurrentes, influencent directement cette expérience. Plus nous pensons quelque chose, plus cela nous semble réel, même si nos pensées et nos croyances sont en conflit avec ce que sont réellement les choses.

Nos pensées peuvent être extrêmement fantasques et changeantes — tout comme nos sentiments. Ce que nous considérons réel et solide un jour peut, sous l'influence de nouvelles observations et dispositions d'esprit, ne plus le paraître un autre jour. Aujourd'hui nous sommes sûr que tel individu est un égoïste qui ne s'intéresse jamais aux autres, et que nous ne pouvons pas lui faire confiance. Puis un beau jour, à notre grande surprise, nous découvrons que ce même individu a renversé des montagnes pour nous aider. Tout à coup, cette personne est quelqu'un que nous apprécions, dont nous faisons grand cas et à qui nous accordons toute notre confiance.

De même, il y a des périodes où nous avons la conviction de tenir les rênes de notre vie. Les événements que nous vivons semblent confirmer cette croyance — jusqu'au jour où la machine s'enraye et où, sans crier gare, les choses semblent complètement nous échapper. Inversement, si nous pensons de façon prédominante que notre vie nous échappe, il serait facile d'y découvrir des situations impliquant qu'en fait nous maîtrisons bien les choses.

Il est aisé de voir que notre vie est factice, vécue à l'intérieur d'un certain nombre de postulats acquis par l'intermédiaire de structures de croyance adoptées et conditionnées. Qui plus est, nous tendons automatiquement à projeter ces postulats sur le monde et les personnes qui nous entourent. Que nous tendions à faire preuve d'adaptabilité, et à volontiers modifier notre vision des choses, ou que nous nous accrochions avec opiniâtreté à nos opinions, la solidité de ce que nous vivons nous semble généralement incontestable. Ainsi, de concert avec nos postulats et les sentiments correspondants, la réalité se manifeste-t-elle pour nous.

Quelles que soient les croyances spécifiques auxquelles nous souscrivons, il existe toujours en nous une croyance sous-jacente et primordiale qui anime nos postulats, selon laquelle ceux-ci sont « connaissables ». Nous tendons automatiquement à présupposer que nous pouvons reconnaître et *savoir* ce qui est vrai et réel.

La chose est particulièrement évidente lorsque nous vivons des expériences attrayantes. Quand la vie semble nous donner ce que nous souhaitons, quand nous nous sentons satisfait et comblé, nous ne nous préoccupons pas de ce que nous pensons ou de la véracité de nos pensées. Au lieu d'analyser les événements, ou bien nos pensées, nous nous contentons de savourer ce que nous vivons. Mais dès que nous sommes malheureux ou angoissé, nos pensées, amplifiées et se renvoyant la balle dans notre esprit, peuvent nous préoccuper. Nous sommes alors tout prêt à osciller entre diverses éventualités. C'est dans ces moments-là que nous avons coutume de prendre nos pensées au sérieux ! Nous nous mettons à l'écoute de ce que nous pensons et bataillons avec ces pensées, incertain de ce qui est vrai et de ce qui ne l'est pas, mais n'en continuant pas moins de nous attacher à certaines croyances, présumant qu'elles reflètent la vérité.

Qu'en savons-nous ?

Nous souffrons quand nos croyances sur ce que sont les choses s'opposent à ce que nous souhaiterions qu'elles soient. Nous souffrons non seulement parce que nos croyances se contredisent, mais également parce qu'elles reposent sur un postulat sous-jacent et fondamental voulant que ce que nous croyons est intrinsèquement valide. Nous présumons *savoir* comment sont les choses. Les exemples de croyances susceptibles d'engendrer une souffrance sont innombrables. À tout moment, nous pouvons avoir l'une des pensées suivantes, et bien d'autres encore :

- Je mérite davantage.
- Je ne réussirai pas.
- Ma voiture n'est pas assez puissante.
- Mon/Ma partenaire est égoïste.
- Mes enfants sont grossiers.
- Mes voisins sont ennuyeux.
- Mes parents étaient trop sévères.
- Mon patron m'impose sa loi.
- Les choses ne s'amélioreront jamais.

Ce type de pensée peut être sans fin, alimentant sans que nous nous en apercevions notre comparaison entre ce que sont les choses et ce que nous croyons qu'elles devraient être.

Mais si ce que nous pensons repose sur des croyances — travesties en postulats et en interprétations — et si ces croyances filtrent notre ressenti, comment pourrions-nous *savoir* si oui ou non nos pensées reflètent ce que sont réellement les choses ?

Exercice

Que pouvons-nous savoir ?

Installez-vous dans un endroit calme et propice à la réflexion, où vous pouvez vous concentrer et écrire. Prenez le temps de simplement vous relier à votre souffle et de vous centrer.

Pensez à une situation que vous vivez actuellement et qui vous rend malheureux(se) ou insatisfait(e). Sans cesser d'examiner vos pensées, écrivez tout ce qui vous ennuie dans cette situation ou tout ce qui vous fait de la peine chez l'autre personne. Ne faites pas de style. Écrivez automatiquement, sans rien corriger, jusqu'à ce qu'il ne vous vienne plus rien.

Puis prenez une par une chaque préoccupation (croyance) et demandez-vous, en cherchant honnêtement la réponse, avec un esprit ouvert, si vous pouvez SAVOIR que cela est vrai.

Par exemple, supposons que vos notes concernent votre situation au travail et que vous ayez écrit quelque chose comme :

(1) « Ma chef de service me critique sans arrêt. »

(2) « Quoi que je fasse, je ne pourrai jamais la satisfaire, ce qui signifie que »

(3) « Je ne réussirai jamais à obtenir une promotion. »

Ou bien supposons que vous ayez pensé à votre pratique spirituelle et écrit :

(1) « Aucune pratique ne me conduira jamais à l'expérience que je recherche. »

(2) « Il est évident que je n'y suis pas encore et que je n'y parviendrai jamais. »

(3) « Il ne sert à rien de continuer. »

Prenez chacune de ces déclarations une par une, puis posez-vous la question : « Puis-je savoir cela ? »

Byron Katie

Pour les exemples cités ci-dessus, vous vous demanderiez donc :

- Puis-je réellement savoir si ma chef de service me critique sans arrêt ?
- Puis-je réellement savoir que je ne parviendrai jamais à la satisfaire ?
- Puis-je réellement savoir que je ne réussirai jamais ?
- Puis-je réellement savoir qu'aucune pratique ne me conduira à l'expérience que je recherche ?
- Puis-je réellement savoir que je « n'y suis pas » et que je n'y serai jamais ?
- Puis-je réellement savoir qu'il ne sert à rien de continuer ?

Souvent, lorsque nous nous posons ce genre de question, nous commençons par avancer un certain nombre de raisons qui viennent instantanément confirmer avec force la véracité de nos propos. De prime abord, nous demander si nous pouvons savoir ceci ou cela peut paraître absurde, surtout lorsque nous croyons dur comme fer en la véracité de nos pensées. Il importe donc de nous arrêter suffisamment longtemps sur chaque question afin de lui donner le temps de pénétrer au-delà de notre réponse immédiate et automatique, de telle sorte que nous puissions y réfléchir sincèrement.

Laissez votre tête poser chaque question, mais

autorisez votre cœur à répondre. Lorsque nous nous donnons le temps d'aller au-delà de nos postulats automatiques, nous pouvons commencer à sentir dans notre cœur ce qui est ou n'est pas connaissable.

Notre attachement aux croyances

Nous sommes très attaché à ce que nous croyons. Pour nous en rendre compte, il suffit de constater comment nous nous battons pour préserver nos croyances lorsqu'elles se trouvent menacées ou remises en question. Notre attachement est la plupart du temps si habituel et si éloigné de notre perception que nous n'avons généralement pas conscience du point auquel il filtre directement nos expériences. Plus nous sommes attaché à ce que nous croyons, plus nous avons du mal à concevoir toute autre réalité.

Nous nous cramponnons fréquemment à des croyances sur la nature des choses bien après que leur « date de péremption » est dépassée. Nous pouvons, alors que notre croyance a depuis longtemps perdu la moindre ressemblance avec ce que sont les choses, rester obstinément attaché à nos opinions. Même si d'autres personnes nous présentent des interprétations différentes, nous n'y verrons aucune ressemblance avec ce qu'il se passe, certain que ce que sont réellement les choses, c'est ce que nous croyons. Il suffit de regarder ce qui se produit quotidiennement lorsque survient une modification dans

↳ le scientifique qui croyait impossible le vol d'un avion.

une relation ou dans notre situation professionnelle : nous nous accrochons avec opiniâtreté à nos idées de ce que devraient être les choses, longtemps après qu'est intervenu le changement en question.

Quand bien même nos croyances induiraient de la souffrance et du stress, nous continuons de lutter pour imaginer une autre réalité. Pourquoi ? Parce que ce que nous croyons revêt une importance capitale pour notre identité présente. Notre connaissance de nous-même passe essentiellement par la manière dont nous pensons et les schémas qui y sont liés. Nous allons inventer toutes sortes d'histoires et de rationalisations qui *semblent* confirmer ce que nous pensons — perpétuant ainsi à notre insu une identité construite au moyen de structures de croyance routinières et conditionnées. Nous prenons pour argent comptant, naïvement et avec empressement, tout un tas d'opinions et d'interprétations.

En nous posant la question : « Puis-je réellement savoir cela ? », honnêtement et avec un esprit ouvert, nous donnons un coup d'arrêt à l'automaticité de nos postulats. La question agit comme un rayon laser, infiltrant les strates de l'interprétation profondément enfouie qui régit notre expérience. Notre attachement se trouvant ainsi relâché, notre ressenti devient moins contracté, moins rigide, et commence à s'ouvrir. Ce que nous considérions comme étant bien défini et connu devient contestable. Et lorsque nous nous posons cette question par rapport aux pensées, aux sentiments et aux comportements d'autres personnes, nous commençons à nous demander comment nous avons bien pu présumer *connaître* la nature de ce qu'elles vivent, ou de l'avenir lui-même.

RÉFLEXION

Comment nos croyances pourraient-elles être intrinsèquement vraies et réalistes, alors que nous pouvons si facilement les remplacer en un clin d'œil par des croyances opposées — et vivre ainsi une tout autre réalité ?

Ne pas confondre le fait réel et la souffrance qui l'accompagne

Il arrive que nos croyances sur la nature des choses correspondent à la réalité : ce que nous croyons est un fait — non pas simplement une interprétation —, comme par exemple la naissance, la mort, la maladie et les changements. Il convient cependant de noter que ce ne sont pas ces événements factuels qui engendrent la souffrance. Prenons n'importe lequel des exemples qui suivent, et qui pourraient arriver à chacun de nous :

- Le conjoint part avec une autre personne.
- Perdre tout son argent.
- Avoir un enfant qui se drogue.
- Perdre un emploi satisfaisant et bien payé.
- Devenir invalide.
- Périr de mort violente.

Lorsque ces choses se produisent, nous font-elles souffrir ? La première réaction à cette question sera immanquablement : « Bien sûr, que nous souffrons ! Quand ce genre de chose arrive, c'est terrible, c'est bouleversant, extrêmement stressant. » Pour la logique de notre mental conditionné, cette réaction est complètement naturelle ; il faut avoir perdu l'esprit pour penser autrement, ou s'attendre à ce que nous pensions autrement — après tout, ce genre de choses *ne devrait pas* se produire, n'est-ce pas ? Pourtant, nous savons tous qu'à chaque instant de chaque jour, dans chaque endroit de la planète, ce genre de choses se produit — et ne peut pas ne pas se produire.

L'une des caractéristiques courantes de notre monde occidental consiste à glorifier la beauté et la fortune et à s'employer activement à masquer ou occulter la réalité de deux facteurs incontournables qui touchent chacun de nous un jour ou l'autre, quelles que puissent être notre beauté et notre fortune. Nous voulons parler de la mort et de l'impermanence.

Rien n'est permanent

L'une des leçons capitales que nous enseigne la sagesse orientale est que rien n'est permanent — ni cet instant, ni cette pensée, ni ce sentiment, ni ce corps, ni cette relation, ni cette vie. Il s'agit là du principe le plus fondamental et le plus incontestable sous-tendant la philosophie orientale, d'un aspect primordial de la réalité que pourtant l'Occident cherche désespérément à occulter. Il suffit d'examiner le monde qui nous entoure pour constater que tout, absolument tout ce qui naît, doit se transformer et mourir, de l'entité vivante la plus vaste et la plus complexe aux organismes cellulaires les plus microscopiques et les plus simples.

À la naissance du prince Siddhartha, que nous connaissons aujourd'hui sous le nom de Bouddha, des devins annoncèrent qu'il était destiné à se retirer de la vie du monde et à rechercher la Vérité. Son père, le roi Shuddhodana, fut terrorisé par cette prophétie : qui serait l'héritier de son royaume ? Il s'évertua donc à protéger son fils des réalités de la vie en le tenant reclus dans un monde « parfait » où jamais il ne serait en contact avec la réalité de la maladie, de la vieillesse ou de la mort, pas même de la nature changeante d'une plante. Mais en dépit de ses efforts acharnés pour cloîtrer son fils, il fut incapable de le préserver de cette vérité de la vie qu'est l'impermanence. Poussé par un irrépressible élan, le prince Siddhartha s'en fut un jour voir ce qui se passait au-delà des murs de son royaume parfait. En l'espace d'un après-midi, celui qui était destiné à devenir Bouddha fit connaissance avec la vieillesse, la maladie et la mort. Une immense compassion embrasa son cœur, assortie du vœu de trouver la clé qui supprimerait la souffrance. Comme l'avaient prédit les devins, il quitta son royaume et renonça à tous ses attachements dans le monde pour se consacrer exclusivement à pratiquer auprès d'ascètes et de sadhus (moines errants) jusqu'à ce qu'il découvre la véritable source de la liberté.

Les choses sont ce qu'elles sont

Quand la mort survient, ou quand il se produit un changement, il est vrai que nous souffrons. Mais ce qui nous fait souffrir, ce ne sont *pas* ces événements en tant que tels. Les événements eux-mêmes sont simplement ce qu'ils sont. Ce sont nos *interprétations* de ces événements qui produisent la souffrance. Si tel n'était pas le cas, nous aurions tous une réaction identique face à des événements identiques.

Il y a de nombreuses années, une amie très proche a perdu sa fille de trois ans des suites d'une maladie incurable. Sa profonde croyance en l'origine karmique de cette mort prématurée lui a permis de vivre pleinement son chagrin tout en acceptant la réalité de ce douloureux événement, et en étant en paix vis-à-vis de ce dernier. Nous avons connu d'autres personnes ayant vécu la même tragédie, qui ont été tellement terrassées par le chagrin et la colère que leur vie est à jamais restée empreinte d'amertume et d'une souffrance inguérissable. Dans notre travail auprès des entreprises, nous avons rencontré de nombreuses personnes qui avaient perdu un emploi extrêmement lucratif et satisfaisant, mais qui vivaient très bien ce qu'elles considéraient comme une période de transition avant d'entreprendre une nouvelle carrière. Nous en avons également connu d'autres qui, dans la même situation, étaient tellement déprimées qu'elles étaient dans l'incapacité de s'adapter ou de fonctionner correctement. Dans chacune de ces situations, ce n'est pas l'événement proprement dit qui a engendré l'absence ou un degré aussi élevé de souffrance. C'est simplement l'interprétation qui en a été faite.

QUESTION

Si tout ce à quoi nous nous cramponnons est une croyance, et non pas la vérité, pourquoi restons-nous attaché aux croyances qui déclenchent la souffrance ?

RÉPONSE

Nous accordons une immense valeur à nos croyances. Celles-ci nous sont très précieuses, car elles confirment notre sens de nous-même. La souffrance peut procurer un bénéfice de substitution. Les croyances mêmes qui induisent la peur, l'anxiété, l'inquiétude et la frustration peuvent également produire le sentiment confortable de se trouver en pays connu. Tandis que d'un côté nous apparaissons comme la victime de cette croyance, d'un autre côté nos pensées coutumières peuvent être profondément rassurantes, car elles maintiennent le statu quo de notre réalité — de ce que nous avons toujours connu.

Aller au-delà des apparences

L'idée de lâcher nos croyances peut être à la fois attirante et effrayante. Nous pouvons penser qu'en les abandonnant nous allons nous retrouver suspendu dans le vide. Mais nous pouvons aussi juger que certaines ne nous servent plus, et donc souhaiter nous en défaire — et pourtant, cela semble souvent constituer un rude combat.

Prenons par exemple une croyance courante qui engendre énormément de souffrance psychologique : « Je ne suis pas assez bien. » Quand cette croyance est active, elle étaye une pléthore d'autres postulats quant à ce qu'il nous est possible et impossible de vivre. En toute logique, nous pouvons dire que nous voulons vraiment être libéré de pensées de ce genre. En notre for intérieur, nous rationalisons : bien sûr que cette pensée est fausse, bien sûr que je suis assez bien. Pourtant, en dépit de toute notre logique, cette croyance continue de maintenir sa prise sur notre vision de nous-même et de ce que nous pensons possible. Nous restons attaché à des pensées de ce type, même s'il est manifeste qu'elles nous desservent.

Les bénéfices de nos croyances

Les croyances négatives aussi bien que positives peuvent nous apporter un bénéfice, même si cela n'est pas toujours patent. Quand une croyance négative alimente notre idée de ce que devraient être les choses, il peut être embarrassant de l'admettre, ou même de la reconnaître. Prenons par exemple la croyance : « Je ne suis pas assez bien ». Si nous nous demandons ce qu'elle nous apporte, nous commencerons par voir que l'entretenir nous rend faible, impuissant, pathétique, triste ; que cela fait de nous une victime, une personne dont il faut prendre soin. Mais si nous continuons à nous poser la question, en suivant avec rigueur le cheminement de notre examen, nous pourrions avoir la surprise de découvrir toute une série de réponses de plus en plus positives. En explorant et dénouant le schéma qui nous fait entretenir cette croyance, nous pourrions bien constater que croire « Je ne suis pas assez bien » engendre un sentiment subtil, mais indubitable, de pouvoir, de manipulation, voire de supériorité.

Ainsi, en observant la trajectoire de nos croyances les plus profondes, nous risquons fort d'éprouver un choc. Nous voyons que ce qui a été le sentiment d'être « une pauvre petite chose » est en réalité séduisant et irrésistible. Nous n'allions certes pas cesser d'entretenir cette pensée ! Lorsque nous découvrons les deux facettes de nos croyances, et donc la nature validante et renforçante d'une croyance apparemment négative, ce que nous considérions jusqu'alors comme étant réel devient plus ambigu et plus discutable. Nous constatons que, si toute notre souffrance, toutes nos histoires de « pauvre petite chose » se trouvaient au centre de ce que nous vivions, nous étions cependant tout autant énergétisé et étrangement gratifié par nos sentiments moins conscients de puissance et de contrôle.

Une fois parvenu à ce stade, nous pouvons nous engager dans une tout autre vision de ce que nous sommes. Car si cette définition de nous-même ne tient plus, si nous ne pouvons plus nous définir comme nous l'avons toujours fait, comment allons-nous savoir que croire ou à quoi nous accrocher pour interpréter ce que nous vivons ?

RÉFLEXION

Qui serais-je sans mes croyances actuelles ? Comment percevrai-je les situations ou les autres personnes si mes croyances actuelles ne sont plus là pour filtrer mon expérience ?

Qui serais-je si je ne souscrivais pas à ce que j'ai toujours considéré comme étant connaissable ?

Si ce que je considérais comme la cause de ma souffrance est impossible à connaître, quelle sera mon expérience ?

Question n° 2 de Byron Katie

En explorant ces questions ouvertes, nos croyances commencent à nous apparaître plus arbitraires, plus éphémères, moins fixes, moins rigides. Nous n'avons plus besoin d'être défini *ou* limité par nos croyances sur nous-même et sur le monde qui nous entoure. Il devient possible de laisser partir les histoires qui ont régi notre vie, ce qui nous permet de connaître une ouverture croissante à « Ce qui est ». Lorsque nous nous posons sincèrement ces questions, nous invitons en nous un espace qui a la capacité d'étendre bien au-delà du connu nos horizons et l'expérience qui les accompagne.

Commencer à relâcher nos attachements

Notre *attachement* à nos croyances a pour effet de nous faire entretenir inconsciemment les expériences mêmes qui induisent une souffrance. Ce conciliabule intérieur sur ce qui est inconfortable et déplaisant fait partie intégrante de notre identité, renforçant notre vision de ce que nous *pensons* être. Le lâcher-prise peut être très simple, pourvu que nous lui permettions de prendre place. Cependant, notre mental conditionné va la plupart du temps produire une multitude de raisons et de résistances nous incitant à demeurer attaché à des croyances qui ne nous servent plus. Mais lorsque nous laissons partir ces idées préconçues et habituelles, nous commençons à ressentir la liberté infinie inhérente à chaque instant.

Nous pouvons, en mesurant la nature fluide des croyances, cesser de nous cramponner à nos postulats avec l'ardeur d'un chiot affamé. Notre vision des choses s'élargit, ce qui contribue à ébranler toute position rigide sur ce qui est et n'est pas acceptable. Nous commençons ainsi à goûter à la nature transitoire de tout ce qui éclôt au sein de la conscience.

8.

Créer l'ouverture par l'abandon du connu

Généralement, lorsque nous ne savons pas quelque chose, nous cherchons une réponse. Et bien souvent, plus nous pensons savoir, plus nous nous sentons heureux et détendu. Le sentiment que « nous savons » peut nous donner l'impression de mieux maîtriser notre vie, car il s'accompagne souvent d'une autre certitude : celle que nous disposons d'une plus grande latitude lorsqu'il s'agit de prendre une décision ou de résoudre un problème. Bien souvent, le simple fait de *penser* que nous savons ce que nous avons besoin ou envie de savoir peut nous sécuriser. Notre connaissance réduit les zones d'ombre de la vie, nous permettant ainsi de conserver la certitude confortable de détenir les réponses voulues.

Naturellement, à certains moments, il est on ne peut plus manifeste que nous ignorons une chose dont nous avons besoin, mais nous savons où trouver les réponses appropriées. Lorsque vous vous apprêtez à partir en vacances et que vous ignorez quel est le meilleur itinéraire, vous savez qu'une bonne carte routière vous procurera facilement les informations adéquates. Mais nous ne parlons pas ici de ce type de connaissance.

Le besoin de connaître peut constituer un moteur si puissant et si inconscient que, lorsque nous nous trouvons dans une situation ambiguë et ne savons que faire, nous pouvons nous sentir extrêmement mal à l'aise. Et plutôt que de rester dans l'incertitude, nous allons peut-être nous emparer de ce que nous connaissons déjà, dans l'espoir que cela conviendra aux circonstances présentes.

Nous avons tellement besoin de savoir et nous sommes tellement attaché à ce que nous connaissons que nous pouvons défendre bec et ongles le connu et opposer une farouche résistance à l'inconnu. Nous pouvons nous cramponner à ce que nous pensons alors même que nos opinions sont de toute évidence en opposition avec les événements. Plus nous sommes attaché à ce que nous pensons, plus nous serons enclin à rejeter d'autres pensées ou comportements. Plus nous pensons savoir et comprendre, plus notre répugnance à envisager d'autres scénarios sera grande.

L'inconfort de ne pas savoir

Sur le chemin spirituel, il est quasiment inéluctable qu'à un moment ou un autre nous découvrions en nous des strates d'expérience qui semblent ne déboucher sur rien de fixe ou de définitif. Même si nous nous y attendions, notamment si nous sommes engagé dans une voie orientale non duelle, nous n'en serons peut-être pas moins très malheureux de nous trouver dans l'incapacité de savoir où nous en sommes de notre progression. Peut-être allons-nous nous sentir complètement désarçonné, nous demandant si oui ou non nous sommes sur la bonne voie ou avons choisi la bonne pratique. Nous pouvons parfois nous sentir indéniablement perdu. Plus nous désirons la clarté, plus elle nous échappe. Nous nous demandons si nous devons poursuivre notre pratique ou en rester là, adopter une nouvelle pratique ou conserver celle-ci qui commence à dater. Si nous avons réellement progressé et, dans l'affirmative, si le moindre progrès est lié ou non à une pratique spécifique.

Dans l'incapacité de trouver des réponses solides, nous pouvons vainement rechercher des signes qui confirmeraient notre position et atténuer le sentiment d'impasse et d'incertitude lié au fait de « ne pas savoir ». Si l'incertitude s'intensifie suffisamment, il se peut même que nous revenions et nous cramponnions fermement à d'anciennes perceptions et croyances conditionnées. Plus notre besoin de *savoir* est grand, plus nous luttons lorsqu'il n'y a pas de réponse.

Cet inconfort s'accentue lorsque nous entrons dans des périodes de changement et de transition — que cela concerne notre travail ou notre carrière, l'endroit où nous vivons, des conflits relationnels, notre état de santé, des soucis d'argent ou des crises et dilemmes spirituels. Tous ces domaines peuvent en un clin d'œil nous jeter en territoire inconnu. Dans ce passage du connu à un futur imprévisible, il peut s'avérer extrêmement difficile d'abandonner des aspects du passé. Le passé est passé, l'avenir encore à venir et l'anticipation présente de l'inconnu peut susciter toute une série de réponses précaires. Les transitions touchant au foyer et à la vie affective déclenchent souvent des réponses primaires de fuite ou de combat. Lorsque nous avons peur de ne pas pouvoir gérer ou prédéterminer l'avenir, lorsque nous ne savons pas ce qu'il se passe ou va se passer, il nous arrive d'être très désorienté, et même de nous couper totalement de la situation, soit en nous enfouissant la tête dans le sable, soit en éprouvant une vive colère à l'encontre de l'inconnu.

La peur de l'inconnu

Si elle est intense, la peur associée à un tel changement peut être bigrement paralysante. Au lieu d'admettre qu'il est impossible de savoir, nous préférons souvent nous en remettre à ce que nous *voulons* croire, à une théorie, pour atténuer la souffrance du présent et l'incertitude du futur. Plus nous sommes attaché à nos histoires, moins elles nous paraissent sujettes à caution. Nous pouvons nous pétrifier, trop terrifié pour accueillir l'inconnu et laisser partir le passé révolu. Même si intellectuellement nous nous rendons compte que nous ne pouvons pas connaître l'avenir ni savoir comment nous allons le gérer, nos émotions nous mettent souvent dans tous nos états.

Le fait de se focaliser et de se fixer sur les interprétations attachées à ces émotions peut déclencher des dispositions d'esprit qui maintiennent la peur et l'anxiété. En revanche, reconnaître les sentiments pour ce qu'ils sont, c'est-à-dire des réponses conditionnées, peut créer un espace autour d'un ressenti jusque-là contracté. C'est notre capacité même à être *présent* à l'incertitude qui nous permet de nous ouvrir, d'être calme, libre et vacant durant les périodes d'incertitude.

Développer l'ouverture

Pour beaucoup d'entre nous, l'incapacité de maintenir l'ouverture semble constituer la pierre d'achoppement de notre cheminement psycho-spirituel vers un vécu plus détendu, plus libre. Tandis que nous nous ouvrons de plus en plus à vivre « Je ne sais pas », nous pouvons rencontrer dans le cours et les schémas habituels de notre mental de nombreux obstacles apparents, certains très flagrants, d'autres plus subtils et difficiles à observer. Cependant, c'est l'ouverture à « Je ne sais pas » qui constitue l'ingrédient clé indispensable pour réellement se libérer des opinions et croyances sur lesquelles nous nous fixons.

Nous pourrions comparer l'abandon de notre

besoin de savoir à une douce brise dont le souffle tiède viendrait balayer notre vécu, nous déposant dans un espace sans forme, inconditionné. Cela requiert une profonde foi intérieure allant au-delà de la rationalisation cognitive, confiance en soi et dans le flux qu'offre la vie, même lorsque ce flux s'avère opposé à nos attentes ou à nos espérances. Une telle ouverture exige de la force intérieure et de la flexibilité.

« Je ne sais pas » est le début de l'ouverture, car il s'agit d'une fenêtre ouverte sur quelque chose d'ineffable et peu défini, une ouverture, une expansion au-delà du connu, du familier, du conditionné. « Je ne sais pas » survient lorsque nous nous autorisons à demeurer au sein de questions simultanées sur l'incertitude et le possible. Cela requiert une ouverture et la foi en notre santé mentale ultime.

« Je ne sais pas » est l'espace spirituel ultime, car il est dépourvu de toute frontière ou restriction. Il y a un sentiment d'infinitude, car lorsque nous nous trouvons dans un espace de « Je ne sais pas », nous avons dépassé le conditionnement ou la stratégie. Lorsque nous sommes ouvert à « Je ne sais pas », nous commerçons avec fluidité avec la vie et ses hauts et bas imprévisibles.

TROISIÈME PARTIE

LES PHASES DE CROISSANCE

Les chapitres qui suivent décrivent les diverses phases de croissance vers la présence, état de liberté si illimitée qu'il se trouve en fait au-delà de la liberté. Chacune de ces phases correspond à un mode de fonctionnement spécifique entretenant nos croyances, et représente un certain degré ou niveau de résolution des croyances conflictuelles. Au fur et à mesure que sont harmonisées les croyances conflictuelles, nous passons progressivement d'une phase à l'autre. Comme nous l'avons vu au chapitre IV, les croyances se forment, puis se séparent et finissent par se déconnecter, aboutissant ainsi à deux croyances contradictoires. C'est le renversement de ce processus que nous allons maintenant examiner. Chaque phase correspond à un mouvement au sein duquel les croyances conflictuelles reviennent à une source indifférenciée.

Nos croyances façonnant notre expérience, chaque phase décrit également une orientation et une approche de la vie différentes. Chacune offre une perspective, des dispositions d'esprit et des possibilités qui lui sont propres ; elle représente également un certain type de fixation. Nous vous proposons donc pour chacun de ces stades quelques moyens de désamorcer les blocages spécifiques qu'ils peuvent engendrer.

Bien que notre cheminement d'une phase à l'autre n'obéisse pas à un ordre strict, il existe cependant une direction générale. Ces phases peuvent représenter un schéma d'évolution global s'étendant sur plusieurs années, voire une vie entière. Mais nous avons aussi tendance à sauter d'une phase à l'autre en réaction à notre entourage, à nos humeurs, à nos opinions et aux situations dans lesquelles nous nous trouvons. Nous pouvons donc aussi traverser toutes ces phases dans l'espace d'une seule journée.

9.

Phase 1 : La déconnexion

La première phase, que nous avons intitulée « déconnexion », est fondée sur la croyance profonde en une séparation foncière entre soi et le monde. Or, à partir du moment où nous nous croyons séparé du monde, nous pouvons nous couper, non seulement de ce monde, mais aussi de nous-même.

La déconnexion est fondée sur la peur

La déconnexion est provoquée par la peur — peur de nous-même ou peur du monde. La peur de nous-même nous jette dans le monde afin de nous fuir. La peur du monde, elle, nous incite à nous retirer en nous-même afin de ne rien avoir à faire avec lui. Nous tendons à ne plus avoir qu'une seule chose en tête — fuir soit le monde soit nous-même.

Dans les deux cas, la ligne de conduite dictée par cette déconnexion est la même : il est hors de question d'être effleuré par quoi que ce soit de tranchant, douloureux ou même vaguement inconfortable

— qu'il s'agisse de nos propres pensées ou sentiments négatifs, ou d'autres personnes.

Déconnexion du monde

Lorsque nous sommes déconnecté du monde, tout ce qui est autre apparaît facilement comme une menace pour notre autonomie et notre intégrité. Nous allons alors nous cacher des autres — parfois même au sens propre. Sous l'emprise de cette phobie de l'inconnu ou de tout ce qui peut être nouveau, nous ne reculerons parfois devant rien pour éviter certaines personnes ou certaines situations.

Nous considérons le monde comme une entité hostile et menaçante

Nous nous comportons comme si nous étions exposé à une contamination permanente. Nous ressentons notre environnement comme quelque chose d'hostile, quelque chose qui représenterait une menace continuelle, d'où une certaine paranoïa qui nous fait sans cesse regarder derrière nous. Ayant le sentiment qu'un danger quelconque est toujours prêt à fondre sur nous, nous restons sur nos gardes. Les relations que nous pouvons instaurer sont par conséquent extrêmement limitées.

Les personnes que nous allons attirer, au demeurant peu nombreuses, sont celles qui confirment et valident notre propre identité étriquée. Quant à nous, nous ne nous intéresserons guère aux autres pour leur valeur propre ou pour ce qu'ils pourraient nous apporter, car nous avons du mal à reconnaître qui ils sont réellement — et ne parvenons donc pas à rechercher des relations qui pourraient enrichir notre identité.

Nous sommes plongé dans une disposition de paranoïa, de désespoir, d'isolement et de claustrophobie dont l'intensité varie selon la situation, mais qui repose sur une peur permanente : celle de disparaître si nous ne veillons pas à nous protéger sans relâche.

Peut-être aussi allons-nous nous entourer de pensées qui ne sont que trop familières, représentant les grands moments de notre monde humide, froid, sombre — et étrangement réconfortant.

Nous sommes si terrifié par le changement que nous nous en tenons strictement au connu, à la routine et au prévisible. Même s'il nous arrive parfois de pressentir qu'il existe quelque chose que nous ignorons et qui pourrait nous être utile, nous sommes trop terrorisé pour seulement commencer à lever l'œil.

Nous devenons notre seul et unique sujet de préoccupation

Dans ce type de déconnexion, nous finissons par être tellement attentif à notre personne, tellement absorbé par l'exploration et l'analyse de notre personnalité, que nous nous trouvons, de fait, totalement paralysé, incapable d'agir avec compétence et efficacité. Nous nous enfermons dans nos schémas de comportement axés sur nous-même — tout en n'ayant pas, ironiquement, l'énergie de nous occuper de nous avec efficience. Cette combinaison d'égocentrisme et de négligence de notre personne peut se manifester sous la forme d'un manque d'attention à notre aspect physique, aussi bien que par une incapacité à prendre soin de notre bien-être psychologique et spirituel.

Nous pouvons guerroyer pour rester le même, ou bien pour nous transformer radicalement. Dans le second cas, peut-être allons-nous nous investir corps et âme dans des programmes de développement personnel, ou bien nous engager dans une thérapie à long terme, ou encore consacrer tous nos efforts à atteindre la pureté spirituelle. Nous nous battons ainsi essentiellement parce qu'il nous manque la perspective et l'objectivité requises pour considérer notre propre personne ou les situations selon de nouveaux points de vue. Quoi que nous fassions, lorsque nous nous trouvons dans une phase de déconnexion, il n'existe aucune acceptation de ce que nous sommes ou des changements qui interviennent (ou non) en nous.

Nous nous ingénions à protéger nos croyances

Nous ne reculerons devant rien pour conserver et préserver nos croyances. Nous refusons de les mettre à l'épreuve du monde et nous nous affairons à les protéger de tout autre point de vue. Si, par exemple, nous nous croyons honnête et digne de confiance, nous refuserons d'écouter toute personne ou situation qui laisserait entendre le contraire. Nous fermons la porte, nous préservant des opinions autres que les nôtres. Nous voulons tout simplement ne rien avoir à faire avec ceux qui menacent notre autonomie — à nos yeux, ils n'existent pas.

Bien que nous puissions ne pas en avoir conscience, nous prenons très au sérieux notre personne et nos croyances. Par peur du changement, nous évitons de nous engager dans la moindre réflexion sur nous-même. Cette attitude, associée à une gravité non fondée, nous rend incapable, ou presque, de nous considérer avec humour. Tout trait d'humour exprimé tend à être gauche et vise plus à soulager une tension qu'à ouvrir de nouvelles pistes de pensée et de connaissance de soi.

Dans cette phase, nous recherchons des expériences pures — le plaisir pur, la perfection absolue, le pouvoir total, une indépendance complète, la bonté morale absolue, la santé parfaite, etc. —, expériences pures que pas le moindre soupçon de la qualité opposée ne doit venir contaminer.

Étant déconnecté de la réalité, nous nous enfermons dans notre propre besoin — tombant souvent dans la dépendance de toutes sortes de stimuli tels que nourriture, drogue ou sexe, afin de nous préserver de la souffrance qu'induirait notre expérience propre. Les schémas auxquels nous obéissons deviennent si habituels et si conditionnés dans la structure de notre identité que nous n'avons même pas conscience de leur existence.

Mû par la peur qui alimente la déconnexion,

nous nous imaginons que pour être bon nous devons ne pas être mauvais, pas même de façon infime. Nous recherchons toute déviation, même la plus anodine, afin de pouvoir rejeter autrui, ou bien nous nous attachons à une seule mauvaise pensée qui nous serait venue afin de détruire notre estime de nous-même. Nous détruirons nos propres plaisirs, sous le seul prétexte qu'une petite interférence extérieure est venue les entacher ou les interrompre.

Nous rêvons d'intimité — tout en la redoutant

Nous avons beau aspirer de tout notre être à recevoir amour et affection, nous sommes terrorisé par l'intimité et la responsabilité. Nous éviterons donc, même si nous en brûlons d'envie, toute situation qui remettrait en question nos frontières si nettement définies. Lorsque nous établissons des contacts, ceux-ci tendent à être relativement superficiels ou à n'intervenir qu'avec des personnes qui, tout comme nous, redoutent l'intimité. Bien souvent, c'est la compagnie d'un animal familier qui, curieusement, nous procurera l'intimité dont nous avons besoin : ces créatures ne remettent absolument pas en cause notre identité ; elles se contentent d'apprécier les attentions que nous avons à leur égard, heureuses d'être aimées et nous acceptant exactement tel que nous sommes.

Déconnexion de nous-même

L'autre mode de déconnexion consiste à nous couper de nous-même. Pour ce faire, nous nous laissons happer par le monde. Nous avons tellement peur de nous retrouver face à nous-même que nous sommes conduit à nous jeter dans le monde — à nous y engloutir pour mieux nous fuir.

Nous nous perdons dans le travail

Le travail peut nous offrir une échappatoire naturelle. Là, nous pouvons être en permanence en action. Notre comportement, bien qu'actif, est toutefois fantasque, incohérent, sans suite, parce que nous ne sommes pas en contact avec nous-même. Nous passons d'un projet à l'autre, veillant à toujours être occupé afin de rester déconnecté de nous-même. Nous nous jetons pour ainsi dire à corps perdu dans le monde, ignorant tout signe de notre propre expérience.

Peut-être saurons-nous seulement, au travail, nous pousser jusqu'à l'épuisement et l'effondrement. Nous ne nous ménageons aucun temps pour être avec nous-même. Les seuls choix consistent à détourner toute notre attention, ou bien à tout ignorer. En conséquence de quoi, nous gérons nos affaires sans une once d'équilibre ou de grâce.

Nous poursuivons des rêves impossibles

Ce type de déconnexion se caractérise lui aussi par des idées fixes. Mais nous ne recherchons cette fois que des accomplissements extérieurs. Nous pouvons par exemple nous vouer à devenir millionnaire avant la fin de l'année, nous abandonner totalement aux plaisirs de la chair ou simplement chercher à être le parent parfait — à chaque seconde de la journée. Que nous soyons pur ou que nous nous laissions aller à nos faiblesses importe peu : nous sommes pris au piège et aveuglé par notre poursuite obsessionnelle d'un but extérieur impossible à atteindre.

Nous sommes terrifié par l'inconnu

De la même façon que nous nous noyons dans le travail ou d'autres occupations aptes à détourner notre attention de nous-même, nous recherchons ce qui nous est familier et connu. Le changement et le désordre nous terrorisent. Nous établissons donc pour nous-même des limites très solides et très nettes, et nous gardons bien de nous aventurer au-delà pour faire l'expérience de l'inconnu. Peut-être allons-nous nous employer de toutes nos forces à rester au même poste toute notre vie, à vivre dans la même maison, nous risquant aussi peu que possible à fouler un nouveau territoire de peur qu'un changement ne vienne frapper à notre porte. Les idées et possibilités nouvelles dépassent rarement le train-train quotidien, car nous restons fermement ancré dans les opinions et croyances familières qui semblent nous servir.

Déconnexion interne

Cette phase est également marquée par une déconnexion interne — une fragmentation de notre personnalité. Nos sentiments sont coupés de nos pensées. Notre comportement n'a aucun lien avec ce que nous sommes réellement. Nous pouvons être incapable de dire ou reconnaître ce que nous ressentons. Nos sentiments ne sont qu'un magma flou et confus. Ou bien nous sommes complètement dans notre tête et coupé de nos sentiments, ou bien nous sommes tellement plongé dans nos émotions et dominé par elles que nous ne pouvons même pas parler.

Le temps paraît figé

Dans cette phase, le temps donne l'impression d'être figé. Chaque journée est vécue comme un « bloc de temps ». Nous pouvons nous réveiller le matin dans un certain état d'esprit — et le conserver pendant toute la journée, jusqu'à ce que nous nous endormions.

Si nous avons du temps libre, où rien n'a été prévu, c'est la débâcle ; nous ne savons que faire. Si au contraire le temps nous fait défaut, c'est une catastrophe ; nous ne savons pas repousser un rendez-vous — il ne nous vient même pas à l'esprit que nous pourrions réaménager notre emploi du temps.

Lorsque nous sommes ainsi déconnecté du temps, ce dernier devient cette chose « en dehors » qui poursuit sa propre course indépendamment de nous.

Comment neutraliser la déconnexion

Reconnaître que nous nous trouvons dans un état relativement contracté, déconnecté de nous-même ou du monde, peut constituer une étape essentielle pour dépasser cette déconnexion.

Mais comment faire, alors que cette déconnexion même nous ôte souvent toute conscience des choses et toute inclination à nous observer ? La souffrance induite par la déconnexion peut être très intense — et ce ne sont certainement pas nos stratégies tortueuses pour minimiser la douleur qui vont nous reconnecter à nous-même et au monde. Pour commencer à nous reconnecter, nous devons tout d'abord faire une pause, interrompre tout ce que nous sommes en train de faire. Faire une pause, c'est marquer un temps d'arrêt, et essentiellement suspendre les schémas de pensée et de ressenti qui créent directement l'état contracté et figé de déconnexion.

Ouvrir l'espace où nous allons pouvoir nous pencher sur nous-même nous permet de créer davantage d'ouverture autour de nos expériences. Nous pouvons ainsi construire notre capacité intérieure à fréquenter l'incertitude du monde changeant qui nous entoure.

Interrompre le schéma stimulus-réaction

En règle générale, nos instincts de base nous font fonctionner selon un schéma très fruste de stimulus et de réaction. Quand le mécanisme stimulus-réaction est activé, nous pouvons beaucoup ressembler à un chien qui court après sa queue, incapable de percevoir que s'il restait tranquille l'objet même de sa poursuite cesserait d'exister. Il en va de même avec la phase de déconnexion, qui est essentiellement fondée sur la peur. Nous nous trouvons pris dans un cycle sans fin où alternent la peur (stimulus) et la déconnexion (réaction). Nous pouvons cependant interrompre ce conditionnement automatique en modifiant notre manière de répondre à ce schéma.

La respiration profonde consciente peut nous permettre de relâcher la tension emmagasinée dans notre corps. La respiration consciente constitue aussi une manière de reconnaître l'instauration d'un espace accueillant propice à la réflexion. Le souffle nous connecte plus directement à notre expérience, ce qui nous permet de commencer à prendre conscience de nos modes de réaction habituels face à nos croyances sur nous-même et sur le monde. En faisant une pause, en introduisant un temps de réflexion, nous créons un espace autour des peurs enfouies au tréfonds de notre être, et ce temps d'arrêt déleste notre expérience de sa charge habituelle. Et si nous nous appliquons à pratiquer ainsi de plus en plus souvent, la réaction automatique au stimulus tant redouté sera plus longue à venir, augmentant le laps de temps durant lequel nous ne sommes pas sous l'emprise d'une peur pure et souvent totalement inconsciente.

Se relier à l'environnement

Nous pouvons aussi endiguer les schémas de peur et d'égocentrisme en commençant à goûter et nous relier à notre environnement, et plus particulièrement à la nature. Contrairement aux individus, l'environnement est neutre, ou du moins neutre par rapport à nos pensées ou nos sentiments. Il n'a aucune préférence, peu lui importe ce que nous pensons ou ressentons. Il est simplement là, et il est lui-même.

Voici un exercice simple : choisissez un endroit qui évoque pour vous la beauté, la force et la sérénité — océan, montagne, désert, vallée, ou même un parc ou un jardin. Prenez le temps de ressentir et de vous imprégner de tous les aspects de cet environnement : le ciel, les nuages, la terre, les cailloux, les arbres, leurs feuilles, leur écorce, les vagues, les algues — bref, tout ce que votre œil peut contempler. Ressentez l'énergie de chacun de ces aspects, sentez combien celle-ci est spécifique et unique. Prenez le temps de vous relier à la qualité innée de chaque aspect, même le plus minuscule, du décor qui se trouve devant et autour de vous.

Voyez combien cet environnement est seulement ce qu'il est. Vos peurs ou vos soucis ne sont ni interprétés, ni jugés — cet environnement ne leur renvoie absolument rien en retour. Voyez combien, plus vous vous reliez aux énergies subtiles de l'environnement et plus vous vous en imprégnez, plus votre ressenti s'élargit et devient fluide. Parallèlement, la peur et la déconnexion s'amenuisent, vous offrant à la place un espace d'auto-analyse, de simplicité et de renouveau.

Se relier aux autres

Une fois que nous avons stabilisé nos sentiments et réussi à ressentir l'environnement, nous pouvons élargir notre champ de connexion aux personnes, connues de nous ou non. Nous commençons alors à *ressentir* ce que sont ces personnes — les ressentir, c'est-à-dire non pas bâtir des histoires à leur propos, mais simplement percevoir et sentir le champ d'énergie propre à chacune d'elles. Nous ressentons notre propre respiration, notre propre vitalité, et le fait de reconnaître notre propre être et de nous y reconnecter nous permet de voir comment nous tendons inconsciemment et de façon automatique à réagir aux autres. Nous voyons combien nous sommes prompt à juger les autres, à édifier à leur propos une interprétation qui n'a peut-être rien ou pas grand-chose à voir avec ce qu'ils sont réellement.

Se relier ainsi à l'environnement et à autrui au niveau du ressenti, de la sensation, nous permet de faire les premiers pas au-delà de la déconnexion d'un monde qui nous paraissait hostile et menaçant. Cela crée la possibilité d'entrer en relation et d'interagir avec ce qui auparavant était trop terrifiant pour que nous nous y engagions. En nous reliant à autrui sur ce mode non verbal, nous commençons à voir que la seule chose qui fait obstacle au contact et à la connexion, ce sont nos constructions mentales habituelles. Les sujets de peur sont moins nombreux, et avec cette vision nous ouvrons une nouvelle porte qui nous permet d'*être dans le monde.*

10.

Phase 2 : Le conflit

À un certain stade de la phase de déconnexion, nous commençons à déceler et ressentir la peur qui nous plonge dans cet état. Nous nous autorisons à être vulnérable. Si nous nous étions recroquevillé dans notre monde intérieur, nous allons commencer à regarder au-dehors. Nous transcendons la peur de nous trouver avec d'autres personnes et renonçons à notre intimité. Si nous nous étions perdu dans les mondes d'autrui, nous faisons le point et commençons à sentir qui nous sommes.

Ces changements indiquent une nouvelle tendance, cette fois vers l'expansion — une croissance évolutive, qu'il s'agisse d'instaurer de nouvelles relations ou d'approfondir notre compréhension de nous-même.

Bien que cette phase constitue un progrès, elle représente aussi un état extrêmement conflictuel, car c'est toujours notre ancien mode de vie contracté qui prévaut. Les deux forces, celle de l'expansion et celle de la contraction, produisent un stress et un conflit. Nous commençons à élargir notre horizon, mais nous ressentons encore le besoin de nous protéger. Une partie de nous donnerait cher pour rester dans sa coquille, dans son cocon confortable, mais une autre partie éprouve aussi un irrépressible besoin de grandir. Nous ne pouvons plus ignorer qu'il existe des points de vue différents du nôtre. Il est clair que l'ombre d'opinions contradictoires nous suit pas à pas, où que nous allions.

Cette phase a quelque chose de rude et d'agressif, car nous nous heurtons à des circonstances et des personnes qui sont perçues comme un empêchement et un danger pour notre sécurité et notre façon de vivre. Notre espoir d'autarcie complète ou d'oubli total par immersion dans le monde est sans cesse remis en question et, à mesure que les défis s'intensifient, nous ne pouvons que réagir. En temps ordinaire, nous aurions une certaine latitude. Nous pourrions aussi nous enfuir, battre en retraite (déconnexion), ou bien aller de l'avant en modifiant nos objectifs et formant des alliances (codépendance).

Nous nous battons pour nos convictions

Nous n'avons alors pas d'autre choix que celui de nous battre pour nos convictions. Tout ce que nous savons faire, lorsque nous sommes confronté à quelque chose de différent, c'est localiser un adversaire et le combattre. À ce stade, nous ne pouvons qu'essayer de le détruire pour sauver notre peau.

Nous critiquons autrui

Dans ces conditions, peut-être allons-nous critiquer les autres sans arrêt. Nous leur donnons tort afin de pouvoir avoir raison, ou au contraire raison afin de conforter notre sentiment de nullité. À tout le moins, nous nous employons à éviter toute association avec des personnes qui feraient naître en nous des pensées et des émotions conflictuelles.

Nous avons du mal à accorder notre confiance

La confiance est un sujet qui suscite remous et conflit en nous. En qui pouvons-nous avoir confiance ? Comment en être sûr ? Pouvons-nous, puisqu'il nous est déjà arrivé d'être blessé, nous fier à nos propres jugements ? Jusqu'à présent, lorsque nous laissions autrui nous approcher, nous nous sentions menacé et instaurions donc une distance afin de nous protéger. Maintenant, le besoin d'intimité se fait de plus en plus sentir, nous sommes de plus en plus attiré mais, compte tenu de notre haut degré de vulnérabilité, c'est peut-être peu judicieusement que nous accorderons ou non notre confiance dans telle ou telle situation. Ainsi, au lieu de nous ouvrir à la possibilité d'instaurer la confiance, nous en voulons aux autres de notre besoin de nous fier à eux ; cette colère qui monte en nous n'est encore qu'un autre moyen maladroit de continuer à essayer de nous protéger.

Nous nous jugeons sans cesse

Quand nous ne livrons pas bataille aux autres, c'est en nous que nous partons en guerre — sur le champ de bataille de nos propres pensées et sentiments. Dans ce cas, nous nous torturons en consacrant tout notre temps à disséquer nos pensées, nos sentiments, notre comportement — les passant au crible afin de déterminer s'ils sont bons ou mauvais, justes ou inappropriés.

Les habitudes qui accompagnaient la phase de déconnexion nous suivent dans celle-ci. Si nous avons tendance à nous couper de nous-même, le conflit consistera peut-être à nous immoler sur l'autel d'une cause — qui pourra aussi bien être une équipe (sportive ou autre), la société qui nous emploie, qu'une religion ou une nation. Et si nous avons tendance à nous couper du monde, vient le moment où nous ne pouvons plus faire comme s'il n'existait pas. Nous nous sentons poussé à nous battre — pour la survie de nos opinions, de nos valeurs et en définitive de notre propre moi. Peut-être négligerons-nous notre mariage afin de faire carrière, ou bien quitterons-nous notre travail pour aller vivre à la campagne.

Colère orientée vers l'intérieur ou vers l'extérieur

Dans cette phase, nous avons pris conscience — de façon aiguë — de la réalité du changement, ce changement que nous nous étions jusqu'à présent donné tant de peine à ignorer ou éviter. Tout à coup, nous voyons le changement tout autour de nous et pouvons nous sentir dépassé. N'étant pas habitué à gérer les émotions intenses (ayant jusque-là réussi à les bloquer), nous nous retrouverons peut-être à lutter contre des sentiments de colère et d'hostilité orientés soit vers l'intérieur soit vers l'extérieur.

Lorsque notre colère est dirigée contre nous-même, nous avons facilement le sentiment d'être une victime ; nous nous jugeons responsable de tout ce qui peut se produire et nous sentons pris sous une immense chape de honte. Dans cette bataille intérieure, où une partie de nous s'oppose à une autre, nos ressources se morcellent, notre énergie s'amoindrit.

Quand notre colère est réorientée vers l'extérieur, nous pouvons être radicalement hostile à tous ceux qui nous entourent ; nous nions toute responsabilité de notre part dans ce que nous vivons et en faisons retomber toute la faute tout autour de nous. Selon son degré, cette colère à l'encontre du monde peut engendrer un puissant désir de vengeance, lequel nous maintient tout aussi prisonnier que lorsque nous nous attribuions tous les reproches.

Penser, ou ressentir ?

Soudainement conscient de toute une plage de sentiments jusqu'à présent profondément enfouis par notre peur, nous nous retrouvons à batailler entre ce que nous pensons et ce que nous ressentons.

Tandis que la phase de déconnexion se caractérise par une méconnaissance marquée des diverses dimensions de notre vécu, celle-ci annonce une nouvelle ouverture de la conscience. N'étant plus totalement coupé de nos sentiments, nous commençons à remarquer et ressentir leur présence. Cette nouvelle situation peut engendrer un trouble profond, car nous avons beaucoup de mal à savoir comment nous relier à nos sentiments.

Nous allons alors probablement nous tourner vers nos pensées afin de stabiliser les choses, d'obtenir quelque indication sur la conduite à tenir — mais nos sentiments sembleront contredire ce que nous pensons. Nous allons osciller, pris dans la tension de ne pas savoir quelle est la « bonne » chose à faire ou comment interpréter les messages contradictoires qui s'élèvent au sein de notre champ de conscience grandissant. Lorsque, au contraire, nous écoutons notre cœur et obéissons à nos sentiments, nous sommes plongé dans l'inquiétude et la tension : et si le bon chemin était ce que nous avions conçu rationnellement et de façon analytique ? Que nous écoutions nos pensées ou nos sentiments, nous sommes en conflit, torturé par l'incertitude.

Être, ou faire ?

Cette phase est également marquée par un conflit entre les deux modalités que constituent la vie intérieure et la vie extérieure. Le conflit réside dans l'opposition entre être et faire. Lorsque nous sommes en train d'agir dans le monde, nous souhaiterions pouvoir nous retirer à l'intérieur de nous-même. Puis, lorsque nous sommes avec nous-même, nous ne pensons plus qu'à ce que nous devrions ou allons faire.

Si nous sommes d'une nature introspective et satisfait de nous, nous continuons à avoir peur de perdre pied si nous nous lançons dans des relations et des projets. Nous faisons des incursions dans le monde, mais revenons vite nous nourrir dans notre havre de paix intérieur. Nous ne voyons pas comment nous pourrions être nourri par notre travail ou par des relations avec ces êtres imprévisibles que sont les autres.

À l'inverse, si nous sommes de nature extravertie, nous allons commencer dans cette phase à chercher refuge loin des relations compliquées et absorbantes ou des projets trop ambitieux qui marquent notre existence. Toutefois, nous aurons beau nous employer activement à nous nourrir par le biais de la thérapie, de la méditation ou simplement en nous « réservant du temps pour nous-même », nous nous retrouvons attiré par les occupations extérieures comme par un aimant.

Nous sommes ballotté d'un extrême à l'autre. Les seules alternatives consistent soit à essayer de rester calme et serein, savourant l'essence de notre être, soit à être pris dans le tourbillon des existences et du travail d'autrui. Il n'y a pas de milieu.

Dans cette phase, peu importe à quoi nous

employons notre temps. Nous sommes constamment harcelé par la pensée que ce que nous sommes en train de faire n'est pas ce que nous devrions faire.

Le temps et l'espace sont des obstacles

Dans cette phase, le temps aussi est un ennemi. Nous le percevons comme un obstacle, une barrière qui nous enferme et que nous devons briser. Ou bien nous chargeons trop notre emploi du temps, ou bien nous ne le remplissons pas assez, tiraillé entre la peur de manquer de temps et celle d'en avoir trop.

De même, nous percevons l'espace comme un article de consommation. Ou bien nous en désirons davantage, ou bien nous en désirons moins. Ou bien l'espace nous restreint — nous nous sentons enfermé —, ou bien il constitue une barrière à franchir. Quant aux autres, ils sont soit trop proches de nous soit trop distants. Nous sommes habité par le sentiment de ne jamais avoir ce qu'il faut, d'être perpétuellement en tension.

Comment neutraliser le conflit

Livrer des batailles intérieures et extérieures est épuisant et autodestructeur. Il est difficile, quand on est en guerre contre soi-même et l'ensemble du monde, de gagner un terrain neutre, de trouver la paix.

Le degré de conflit est en partie lié à notre degré de suridentification à notre corps, à nos pensées et à nos sentiments. Jusqu'à présent, nous avions joué à cache-cache avec nos pensées et nos sentiments. Maintenant, nous sommes submergé par de nouvelles sensations, de nouvelles expériences dans notre corps, de nouveaux souvenirs... et bien d'autres nouvelles choses. Or, dans la mesure où nous nous identifions à l'excès à ce qui se passe, nous pouvons facilement penser que nos batailles avec le monde sont intrinsèquement *réelles*, et non pas simplement le résultat de nos interprétations. Il n'est donc guère surprenant que nous soyons en colère et agressif !

Cependant, nous *pouvons* désamorcer nos pensées, les rendre moins solides, et travailler le conflit de façon créative et constructrice. Il n'est absolument pas inéluctable que nous soyons victime de cette expérience. L'une des composantes du conflit réside dans notre croyance que nous n'y pouvons rien. Mais éviter nos expériences ou leur résister est le meilleur moyen de leur permettre de s'incruster en nous et de nous submerger.

Inviter un espace de non-jugement

Lorsque nous ressentons le conflit, invitons-nous à le vivre de façon ouverte et sans porter de jugement. En agissant ainsi, nous faisons une pause. Nous nous connectons à notre respiration, permettant à son rythme naturel d'apaiser nos pensées, et plus particulièrement nos jugements réactifs automatiques. Se relier au souffle est un procédé simple — qui a de tout temps existé — pour détourner notre attention des pensées obsessionnelles sur ce qui se passe dans notre corps et nos émotions. Même au cœur de sentiments intenses tels que la colère, l'hostilité et la défiance, nous introduisons ainsi de la douceur et de la légèreté.

Se laisser porter par le rythme de la respiration

Le fait de prêter attention à la respiration diffuse l'énergie monopolisée dans des histoires génératrices de conflit, et nous reconnecte à la place à nos sensations corporelles. Lorsque nous entrons dans le rythme de la respiration, dans le flux et le reflux du souffle, nous remarquons également la montée et le repli de divers états émotionnels.

Nous pouvons utiliser le souffle pour entrer de plus en plus profondément en contact avec le conflit et la tension présents dans notre corps, et voir comment nous les entretenons. Nous pouvons utiliser la respiration pour évacuer la tension en nous concentrant sur l'idée que nous inspirons la tranquillité et la paix, que nous expirons la peur, le conflit et la colère.

Ce processus finit par donner naissance à un sentiment de sérénité et d'ouverture. Tandis que nous ouvrons notre cœur au lâcher-prise, à l'abandon de l'énergie qui était dépensée pour maintenir le conflit, nous découvrons que nous pouvons spontanément réorienter cette même énergie, mais pour créer cette fois une expérience de douceur et d'amour.

Remettre nos croyances en cause

Une fois que la douceur est présente, nous pouvons commencer à nous poser des questions aptes à ébranler la solidité de nos croyances, à nous demander, comme nous l'avons vu au chapitre 8, si vraiment nous pouvons savoir que ce que nous pensons est la vérité. Ou bien nous pencher sur les avantages que nous procure notre colère. Aborder ces questions d'un cœur léger peut aider à ébranler la solidité du conflit intérieur et nous éloigner de ce brasier.

Être intime avec nos sentiments

La phase de conflit est marquée par la colère : colère à l'encontre de la souffrance suscitée par la séparation et la solitude, colère de nous voir en proie à des sentiments que nous avons pris tant de peine à éviter lorsque nous nous trouvions en phase de déconnexion. Le conflit peut annoncer le point de départ de la reconnexion, laquelle nous contraint à éprouver l'ampleur et la profondeur de ces sentiments, leur permettant d'être ressentis — et évacués — de façon naturelle. En étant intime avec nos sentiments au lieu de leur résister, nous libérons les blocs d'énergie qui nous maintenaient prisonnier d'histoires limitatives et autodestructrices. Au fur et à mesure que sont évacuées la frustration et la colère, nous nous sentons devenir vivant et un sentiment de complétude se met à poindre en nous de façon palpable.

Quand nous nous autorisons à lâcher prise, à abandonner le combat et à cesser d'essayer d'échafauder à qui ou à quoi nous pouvons bien imputer la responsabilité de notre souffrance, nous ouvrons une porte sur la possibilité d'un espace intérieur. Nous fuir en permanence, ou livrer bataille, requiert une immense somme d'énergie et de motivation. La plupart du temps, nous ne voyons pas quelle quantité d'énergie nous employons à maintenir des schémas de comportement qui pour être persistants n'en sont pas moins destructeurs.

Pardonner

Le conflit dans lequel nous nous trouvons n'est en fait qu'une autre dépendance, une autre drogue qui nous maintient pris au piège de nos histoires, de nos croyances sur ce que sont les choses et sur ce qu'elles devraient être et seront un jour. En reconnaissant que ces histoires fabriquées ont régi toute notre vie, nous catalysons un désir d'harmonie et de paix intérieure. Nous pouvons faire une pause, nous reposer un instant de nos combats quotidiens. Au sein de cet espace ouvert, nous pouvons offrir le pardon à tous ceux dont nous avons le sentiment qu'ils nous ont fait du tort. Et au sein de ce pardon, nous nous pardonnons à nous aussi.

Lorsque nous ouvrons notre cœur à l'acceptation de ce que sont les choses, nous commençons, naturellement et sans effort, à nous éloigner du conflit. Au lieu de résister au changement, nous commençons à faire l'expérience du flux naturel qui sous-tend notre vie.

11.

Phase 3 : La codépendance

Le passage à cette phase s'effectue en réaction à l'épuisement et à la tension qui caractérisent la phase de conflit. Plutôt que de combattre un ennemi imaginaire, fabriqué en permanence, nous changeons maintenant de tactique : nous décidons d'adapter notre identité de manière à vivre plus harmonieusement dans un monde de valeurs, de croyances et d'opinions différentes. Lorsque nous abandonnons la lutte, nous pouvons tomber dans la codépendance.

La codépendance constitue donc aussi une réaction à la déconnexion. À partir de la phase de conflit, nous pourrions faire marche arrière et nous réfugier dans l'isolement (déconnexion) ; mais, comme les souvenirs de cette phase subsistent, nous adoptons une nouvelle ligne de conduite et commençons à résoudre les conflits en nous adaptant ; l'objectif, cette fois, est de nous en accommoder.

Il existe cependant une différence considérable

entre la déconnexion et la codépendance. À titre d'exemple, dans la phase de déconnexion nous cherchons un refuge en nous retirant du monde ; dans la phase de codépendance, notre isolement et notre solitude reposent non plus sur la réclusion, mais sur le fait de nous entourer de personnes qui vont activement nous ignorer.

Nous recherchons le plaisir et la souffrance à l'extérieur

Bien que cette phase débute par un simple ajustement de nos croyances afin de mieux gérer le conflit et la différence, celles-ci vont très vite s'entremêler de façon à nous enfermer et nous limiter. Notre plaisir et notre souffrance commencent à dépendre des autres.

Dans la phase de codépendance, nous recherchons l'approbation d'autrui, nous attendons des autres qu'ils valident ce que nous sommes. Notre bien-être et le sentiment que nous avons de nous-même ne peuvent exister indépendamment des autres. En l'absence d'un retour positif, nous nous sentons perdu et désorienté, et nous recherchons des substituts pour nous procurer ce dont nous avons besoin. La danse de la codépendance avec nos partenaires est si automatique que nous sommes aveuglé par notre propre dextérité. La survivance de notre identité dépend en définitive de nos interactions avec autrui.

Nous nous servons d'autrui pour nous infliger la peine et la souffrance que, conformément à nos croyances sur notre propre culpabilité et indignité, nous « méritons ». Nous recherchons les relations qui confirment notre identité de victime ou de martyr. Ces relations mêmes, avec des individus cruels et insensibles, confirment notre propre gentillesse et notre propre sensibilité.

Ou bien, nous nous entourons de personnes faibles et pathétiques, afin de prouver notre pouvoir et notre domination.

Par la codépendance, nous connaissons la « maladie du moi perdu ». Au cœur de cette phase, nous nous reposons exclusivement sur l'extérieur pour appréhender notre estime de soi (que celle-ci soit positive ou négative) et pour alimenter nos valeurs, nos croyances et nos besoins. Quelle que soit notre attente, que nous voulions être haï, aimé, dominé ou ignoré, nous nous arrangeons pour qu'elle soit comblée par autrui.

Nous cherchons à conforter nos schémas

Notre quête de validation et de soutien s'étend jusqu'à nos schémas. Ceux-ci doivent être confortés par l'extérieur. La même peur de la solitude qui marquait les phases de déconnexion et de conflit continue de sous-tendre notre expérience. Nous recherchons donc activement la société de personnes qui sont en osmose avec nous afin de confirmer que notre vision des choses est bien conforme à ce qu'elles sont réellement. Parfois, nous recherchons la pitié d'autrui afin de ressentir un lien avec ces personnes et de valider notre sentiment de manque et d'appartenance.

Cependant, chaque fois que nous agissons ainsi nous nuisons à ce que nous sommes réellement. Nous vendons notre « vivant » du présent pour conforter toutes ces vieilles histoires que nous nous racontons sur la perte. Nous cherchons à former des alliances avec des personnes qui pensent comme nous et, ensemble, nous tenons des « pitié-parties » durant lesquelles nous ratifions nos histoires égocentriques de souffrance et de perte. Ces relations codépendantes symbiotiques nous maintiennent enfermé dans une plage d'être étroite et limitée. Bien souvent, les groupes de soutien que nous recherchons pour valider nos histoires ne font qu'encourager notre apitoiement sur nous-même et nous empêchent de sortir de nos identités historiques.

Nous ne sortons jamais du connu

Nous devenons dépendant de ce qui nous est familier et connu, même s'il s'agit de comportements douloureux et inefficaces. Le simple sentiment de nous trouver en terrain connu nous apporte un faux sentiment de confort et de sécurité — d'où une plus grande facilité à répéter des comportements connus qu'à essayer quelque chose de nouveau, et peut-être risqué.

Il n'existe aucune place pour l'individu

La nature de la codépendance est telle que nous nous retrouvons enfermé dans un travail ou dans l'incapacité de nous extraire de relations dysfonctionnelles, car ce travail ou ces relations comblent très exactement les besoins dont nous dépendons. Nos relations semblent nous enserrer comme une seconde peau, au point qu'il n'existe plus aucun espace pour un changement ou un développement individuel. Quand un partenaire tente de modifier le mode habituel de relation, de comportement ou de pensée, cela prend pour l'autre partenaire des allures de catastrophe, comme un court-circuit. Tout pareillement, si quelqu'un de notre entourage décide de changer ou de grandir, cela devient pour nous un douloureux problème.

Codépendance intérieure

La phase de codépendance se manifeste aussi intérieurement, sous la forme d'une incapacité à séparer nos pensées de nos sentiments. Peut-être allons-nous être incapable de penser ou de parler clairement lorsque nous sommes sous le coup d'émotions violentes. Nos pensées sont tellement subordonnées à nos humeurs et à nos émotions que, si nous sommes énervé, ou euphorique, elles vont immanquablement s'éparpiller dans tous les sens. Si nous nous sentons menacé, nous n'avons pas le choix : nous restons frappé de mutisme. Nous sommes dans l'incapacité de déconnecter nos pensées de nos émotions.

Inversement, si nous prenons part à une conversation animée, nous ne pouvons éviter de nous laisser emporter par cette atmosphère survoltée. Nous sommes incapable de participer à la conversation tout en restant centré et clair.

Nos humeurs et nos émotions ne peuvent fonctionner indépendamment les unes des autres. Nous pouvons même nous trouver dans l'obligation de provoquer en nous un sentiment de panique avant de pouvoir passer à l'action. Ou bien nous aurons besoin de nous mettre en colère avant de pouvoir exprimer nos vrais sentiments de tristesse ou de partager l'intimité de quelqu'un. Pour pouvoir exprimer chaque ressenti, il nous faudra d'abord en exprimer d'autres.

Nous sommes gouverné par le temps

Durant cette phase, nous devenons également dépendant du temps et de l'espace. Nous pouvons être tellement assujetti au temps qu'il ne reste guère de place pour les actes impulsifs et la spontanéité. Le temps nous gouverne et la distance constitue toujours un facteur limitatif. Tout devra être organisé plusieurs semaines, voire plusieurs mois à l'avance. Nous économiserons le plus possible nos gestes, nos actes, nos déplacements. Peut-être même commencerons-nous à nous comporter comme Emmanuel Kant, le grand philosophe allemand du XVIIIe siècle, qui ne s'aventurait jamais à plus de quelques kilomètres de son lieu de naissance et dont la vie était régie par un horaire d'une telle régularité que les habitants du village se fondaient sur son passage, lors de sa promenade hygiénique quotidienne, pour régler leurs pendules. Il vivait seul, mais était marié au temps et enchaîné à son environnement physique.

Comment neutraliser la codépendance

L'une des caractéristiques de base de la codépendance réside dans le sentiment de ne pas avoir assez, d'avoir besoin de davantage, mais de demander à autrui de nous procurer ce qui nous manque.

Dans cette phase, nous semblons avoir perdu tout contact avec les ressources intérieures qui nous permettent d'être entier et complet tel que nous sommes. Nous utilisons donc les autres, leur demandant de nous donner ce dont nous avons besoin. Ce désir de recevoir d'autrui, désir dont nous sommes aussi dépendant que d'une drogue, nous empêche de voir que nous sommes déjà entier et complet tel que nous sommes.

Devenir généreux avec nous-même

Pour travailler sur la codépendance, nous devons développer une ouverture et une générosité vis-à-vis de nous-même et de notre entourage. Être généreux avec nous-même exige que nous commencions à nous donner à nous-même *exactement* ce dont nous avons besoin, au lieu de compter sur les autres pour le faire.

En dernier ressort, nous sommes la seule vraie source de tout plaisir et de toute souffrance. Lorsque nous localisons cette source à l'extérieur, nous ne pouvons qu'être dépendant et victime des circonstances. Que cette source ne nous donne pas ce que nous voulons, ou qu'elle ne soit pas disponible, et nous voilà perdu. C'est en commençant à accéder à notre propre réserve de force et à y puiser que nous pourrons développer notre autonomie.

Pour ce faire, nous pouvons nous relier à nos propres ressources de complétude et d'achèvement. Le sentiment de manque se neutralise en commençant à nous relier à la plénitude qui est déjà là. Là encore, cela se fait en reconnaissant tout sentiment de besoin et de perte, et en nous y connectant avec délicatesse. Au départ, cela peut demander une certaine discipline et de la détermination, notamment lorsque nous sommes bien rodé à *ne pas* rechercher en nous-même ce dont nous avons besoin. Nous allons donc tout d'abord chercher doucement en nous où se situent les sentiments de manque ou de vide que nous avons cherché à faire combler par autrui. Une fois que nous aurons découvert et ressenti cela, nous inviterons au sein de notre expérience un sentiment d'amour et de lumière, et remplirons le manque avec un flot inconditionnel d'amour infini.

Aussi vaste que l'océan

L'une des manières de parvenir à cela consiste à vous asseoir devant l'océan (ou à l'imaginer devant vous) et à ressentir à chacune de vos inspirations, au tréfonds de vous-même, sa force, sa profondeur et sa quiétude. À l'inverse, lorsque vous expirez, vous avez la sensation que tout votre être fusionne avec son immensité, s'étendant dans tout l'océan et au-delà. Cet exercice nous ouvre, il nous permet de recevoir force, quiétude et vastitude, de nous défaire de notre sentiment de pauvreté, de manque et de confusion.

Montrer de la générosité envers autrui

Se montrer généreux envers les autres, cela signifie cesser de leur demander de faire ce que *nous* voulons et d'être ce que *nous* voulons qu'ils soient. L'un des aspects les plus difficiles des relations réside dans la déception ressentie lorsqu'un partenaire n'est pas tel que nous le désirons. Quelle pression plaçons-nous ainsi sur un autre être humain ! En tant que codépendant, nous nous entendrons demander, directement ou, plus souvent, de façon voilée : « S'il te plaît, ne sois pas toi-même, mais ce qu'il me faut pour me rendre heureux... » Ce n'est que lorsque nous autorisons les autres à être ce qu'ils sont, sans aucune attente, que nous pouvons commencer à créer un espace pour la liberté individuelle.

Développer la compassion

Lorsque nous sommes codépendant, nous manquons bien souvent de vraie compassion. Nous sommes tellement absorbé par ce qui nous manque et ce que nous désirons que nous ne prêtons aucune attention à ce que vivent les autres. Nos besoins de dépendance peuvent même tourner à la claustrophobie.

Il existe un moyen direct pour désamorcer cette claustrophobie : propager envers les autres une compassion aimante, qui reconnaisse *leur* souffrance. La chose est difficile dans l'état de pénurie qui est le nôtre. Mais après avoir créé un sentiment de vastitude en nous reliant à l'océan, après avoir commencé à nous emplir d'une plus grande luminosité et d'une plus grande joie, nous allons pouvoir nous autoriser à contempler la souffrance de ceux qui nous entourent — partenaire, parents, enfants, amis. Avec un cœur ouvert, nous allons imaginer que nous envoyons à tous une lumière et une joie qui émanent de notre cœur. Nous les visualiserons en les considérant comme des êtres distincts, suivant leur propre route, qui est peut-être liée à la nôtre, mais cependant fondamentalement distincte. Plus encore, nous imaginerons que nous prenons toute la douleur qu'ils pourraient ressentir et, par le pouvoir de notre intention, nous irradierons la joie vers eux, sans rien demander en retour.

Ces pratiques peuvent nous aider à devenir autonome, à ne plus compter sur autrui pour combler nos besoins. Nous commençons alors à voir l'*inter*dépendance de toutes les choses, ce qui permet un flux dynamique entre les individus et entre nos pensées et nos émotions. Plus nous nous relions à ce flux, plus nous apprécions la nature dynamique de toute l'existence.

12.

Phase 4 : La coexistence

Il arrive un moment, au cours de la phase précédente, où nous percevons combien cette codépendance implique de compromissions. Nous nous rendons compte que notre personnalité a été faussée par tous nos efforts pour nous accorder aux demandes et aux intérêts d'autrui. Nous entrevoyons aussi la possibilité de relations faites de respect et d'enrichissement réciproque, ne reposant *pas* sur la codépendance. Cette reconnaissance annonce notre entrée dans la phase de coexistence.

La coexistence constitue une merveilleuse phase de développement personnel et spirituel, car elle relie tous les niveaux auxquels nous devons faire face. Elle débute à un stade où nous nous trouvons en mesure de bien nous occuper de nous-même, de notre travail, de nos relations, et nous permet de prendre part et de contribuer à la vie avec beaucoup d'élégance, de manière très enrichissante et socialement gratifiante.

Affiner nos jugements

La progression au sein de cette phase se mesure par une acceptation croissante des circonstances et une capacité de plus en plus grande d'affiner les jugements que nous portons sur nous-même et sur le monde.

Dans cette phase, nous ne faisons plus de généralisations. Nous cessons de nous considérer ou de réagir à autrui de façon simpliste et manichéenne. Les autres individus, groupes, professions, races, etc. ne sont plus simplement bons ou mauvais, car nos jugements deviennent plus étoffés. Nous pouvons faire des distinctions et discerner en quoi et à quel moment nous nous comportons de façon responsable ou irresponsable, attentionnée ou indifférente, compétente ou incompétente.

Développement personnel et programmes spirituels

Dans la phase de coexistence, nous ne cessons d'apprendre, d'acquérir davantage de talents et d'expériences afin de connaître une vie plus heureuse, plus féconde. Peut-être allons-nous suivre une thérapie ou des conférences spirituelles qui nous incitent à nous enquérir de ce que nous sommes vraiment, ou bien des programmes qui remettent en question nos perceptions passées et nous invitent à explorer et expérimenter de nouvelles techniques. Désormais sensibilisé et réceptif à la croissance personnelle et au développement spirituel, nous sommes toujours prêt à rechercher et explorer de nouvelles possibilités.

Les personnes qui se trouvent dans le même état d'esprit nous apprécient, séduites par notre curiosité et notre ouverture d'esprit. C'est à leur tour de rechercher notre avis et de nous demander conseil, car nous sommes au courant de la plupart des toutes dernières nouveautés en matière de croissance personnelle ou d'enseignement spirituel. Nous devenons un peu l'expert de tout ce qui est nouveau, touchant à tout avec enthousiasme dans l'espoir d'améliorer la qualité de notre expérience.

Garder l'œil ouvert

Nous conservons cependant durant toute cette phase un fort sentiment de devoir gérer tout cela. Il nous faut appliquer consciencieusement les nouvelles techniques apprises lors de nos stages de développement personnel ou auprès de maîtres spirituels. Si nous oublions de pratiquer, nous pouvons avoir le sentiment d'avoir régressé. Quand les choses ne se passent pas comme nous l'avions prévu, il nous faut invoquer les outils que nous avons appris afin de gérer notre malaise. Au départ, nous ressentons fortement la nécessité de nous donner du mal pour gérer notre travail et nos relations. Mais même lorsque nous sommes devenu expert en la matière, nous continuons de nous appliquer, cet effort pouvant parfois être un peu ressenti comme un combat. Même si nous concevons et orchestrons notre vie avec brio et élégance, il nous faut toujours y travailler en permanence — jaugeant les possibilités, élaborant des projets, planifiant des actions, apportant des corrections et des ajustements, négociant les échecs, et ainsi de suite.

Aux yeux des autres, notre carrière et nos relations peuvent paraître lisses, aisées et gratifiantes, mais intérieurement nous en sommes toujours à organiser, calculer, anticiper... bref, nous menons notre vie en stratège. Il nous faut garder l'œil ouvert et gérer toute l'affaire.

Notre compétence est directement assujettie à l'acquisition de talents adéquats — pour gérer nos états d'âme, nos relations, notre carrière, pour négocier des résultats mutuellement satisfaisants. Nous sommes cependant bien rétribué de tous ces efforts pour obtenir quelque chose de différent, quelque chose qui ait un sens et qui dure, car nous nous voyons grandir, apprendre de nouvelles leçons, et nous ajoutons de nouvelles perceptions à notre liste.

Nous apprenons même à orienter et modifier nos pensées de manière à pouvoir façonner nos humeurs, transformer nos sentiments et nos émotions. Mais notre compétence et notre aisance dans la vie dépendent directement d'un apprentissage consciencieux. Pour nous améliorer, il nous faut en savoir davantage, et pour que ces nouvelles connaissances apportent réellement quelque chose, il nous faut pratiquer davantage.

Nous recherchons le pouvoir personnel

Notre désir d'apprendre et de grandir se fonde sur un autre désir plus profond : celui d'un pouvoir personnel. Cette volonté d'en savoir toujours plus et d'aller de l'avant peut au départ sembler fondée et en valoir la peine, mais cela peut aussi devenir une idée fixe débouchant sur le déséquilibre et la frustration.

Le puits sans fond de la connaissance

Notre quête de pouvoir passe avant tout par l'acquisition de connaissances. Plus nous apprenons, plus nous nous rendons compte qu'il y a de choses à apprendre. Nous continuons donc de chercher, nous imaginant que plus nous en saurons, plus nous serons armé pour mieux comprendre le monde et nous-même. Nous suivons les stages les plus inédits, lisons les livres qui viennent de paraître et nous mettons en quête des maîtres spirituels qui, selon nous, seront capables de tenir leurs promesses ! Peut-être allons-nous nous engager dans une ou plusieurs disciplines spirituelles, cherchant celle qui nous conduira le plus rapidement aux résultats désirés. Lorsque nous avons épuisé une voie, nous en cherchons une autre, apte à nous hisser au « niveau suivant ». Et en cette époque où abondent des enseignants de toutes disciplines, cultures, approches et voies, il est bien rare que nous ne trouvions pas quelque chose de nouveau dans quoi nous engager.

L'ennui, avec cette quête sans fin de connaissance, c'est qu'elle est précisément cela — sans fin. Notre soif d'accumuler toujours plus de connaissances et de pouvoir peut devenir déséquilibrée, ressembler de plus en plus à une drogue et engendrer une frustration croissante. Nous avons l'impression d'être à deux doigts de tout ce que nous recherchons, mais pas encore assez près pour déposer les armes et simplement goûter ce que nous sommes et ce que nous avons atteint.

Le défi de ne pas savoir

Lorsque nous ne parvenons pas à trouver les réponses recherchées, nous nous imaginons qu'il nous suffit d'adopter une nouvelle approche ou une nouvelle méthode. Et quand celle-ci ne nous donne pas la « réponse », nous pouvons nous en trouver très frustré et malheureux. Pour nous, « ne pas savoir » constitue un défi intellectuel, une invite à acquérir et apprendre davantage ! Peut-être aurons-nous entendu dire qu'il est essentiel de se trouver dans un espace de non-savoir pour connaître la liberté spirituelle mais, pour nous, la seule manière d'y parvenir, c'est d'en savoir plus et de mieux comprendre ! Le non-savoir est pour nous une chose totalement irrecevable.

Nous sommes complètement désarçonné lorsqu'on nous dit qu'il pourrait bien ne rien exister que nous ayons réellement *besoin* de connaître, ou que notre soif d'en apprendre davantage constitue en fait un obstacle qui nous empêche de connaître l'ouverture si désespérément recherchée. Si nous sommes dans l'incapacité de nous orienter, ou si nous perdons pied parce qu'il y a trop d'incertitude, nous appliquons tout bonnement l'une de nos nombreuses techniques afin de retrouver la certitude que nous avons la situation bien en main.

« Nous n'y sommes pas encore »

Un écho continue de sous-tendre cette phase, l'écho d'un cri désespéré disant que « nous n'y sommes pas encore ». Peu importe combien nous avons pu apprendre et grandir, nous sommes toujours mû par la croyance qu'il existe davantage, qu'il « nous manque quelque chose ». L'éveil et la libération appartiennent encore au domaine du futur. Au lieu de libérer totalement notre conditionnement, nous restons plongé dans la croyance fondamentale qu'il nous faudrait acquérir davantage et être différent.

Tant que perdurera cette croyance, nous continuerons de chercher et resterons bloqué dans cette ornière. Comme pour beaucoup d'autres entreprises visant à atteindre la liberté, comme par exemple la drogue ou la thérapie, nous pouvons tomber dans le piège du rêve spirituel et devenir « accro » à un mode de vie dit spirituel. En essence, nous échangeons notre matérialisme profane contre un matérialisme spirituel.

Comme nous pouvons le constater, cette phase porte en elle la capacité de nous conduire au seuil d'une vie heureuse et gratifiante, tout en pouvant aussi nous suborner et nous entraîner dans un cycle fallacieux de subtils reconditionnements qui nous fait tomber sous la dépendance des techniques mêmes auxquelles nous nous adonnons pour nous libérer.

Comment neutraliser la coexistence

Si la coexistence est porteuse d'un grand accomplissement, sa dimension de stratégie et de prise de contrôle a aussi, comme pour toutes les autres phases, la capacité de nous limiter. Il arrive un stade, sur le chemin de notre développement personnel et spirituel, où nous nous rendons compte que les méthodes mêmes que nous pratiquons, les pratiques mêmes que nous apprenons, peuvent s'avérer plus réductrices que libératrices. Tel est le cas lorsque, au lieu de nous sentir spacieux et léger, nous ressentons l'*obligation* d'apprendre ou de pratiquer. Nous nous demandons si nous pratiquons bien comme il faut, pendant la durée requise, etc. — et cette préoccupation dilue notre sentiment de légèreté et d'aisance. Notre souci d'acquérir davantage et avec plus d'efficacité nous conditionne à surveiller et réguler notre processus, notre progression, notre chemin.

Reconnaître ce qui a été acquis

Quiconque a atteint ce stade de développement a acquis une grande somme d'informations, de ressources personnelles et d'expérience dans la quête du bonheur et de la liberté. Toutefois, cet acquis n'est bien souvent pas reconnu ou mesuré. Si nous faisons l'inventaire de ce que nous sommes, du point où nous en sommes, des outils acquis et de la relative facilité avec laquelle nous les mettons en œuvre, peut-être seronsnous fort surpris du chemin parcouru. À force de nous obnubiler sur le « faire », nous pouvons perdre de vue tout ce que nous « savons ».

Reconnaître notre dépendance vis-à-vis des techniques

Sous tout le savoir-faire sur lequel nous nous appuyons pour mener une vie bien remplie et accomplie peut se trouver un courant de peur profond et fluctuant, associé au besoin de savoir et de maîtriser les choses. Nous avons beau penser savoir qui nous sommes et où nous nous situons, sans un arsenal de techniques pour nous soutenir nous risquons de revenir dans le conflit ou la codépendance. Cependant, le fait de reconnaître notre dépendance vis-à-vis des techniques peut augurer une nouvelle capacité à laisser entrer dans notre vie davantage d'espace et d'acceptation. Ainsi, nous pouvons cesser de chercher à perpétuer nos expériences positives ou éviter les négatives, tenter l'expérience de faire très peu de choses, voire rien du tout, et découvrir que non seulement c'est très bien, mais aussi plus facile à de nombreux titres et moins stressant, parce qu'il n'y a plus de stratégie.

N'ayant plus besoin d'être constamment sur la brèche, nous relâchons naturellement la pression qui nous poussait à suivre notre processus à la trace ou à tenir le compte de notre progression. Cela cesse d'être important, et nous y trouvons tout un nouvel horizon qui s'étend bien au-delà de ce qui était connu et avait pu être conçu.

Créer une disposition d'acceptation

Ce qui alimentait notre pratique et sous-tendait notre dépendance vis-à-vis des techniques, c'était la croyance que « ce n'est pas encore cela ». Si cette croyance n'avait pas été active, nous ne nous serions pas donné tant de mal pour élaborer des stratégies aptes à modifier notre expérience ! Pour neutraliser notre quête avide d'autre chose, de davantage, nous allons donc prendre du repos dans l'instant présent, tel qu'il apparaît. Pour nous aider à atteindre ce lieu de présent, nous allons prendre le temps de nous couler dans le rythme de notre être, créant un espace où nos pensées pourront se calmer et s'amenuiser. Puis, nous coulant encore plus profondément dans notre être, nous allons nous concentrer pour percevoir ou ressentir où se situe notre insatisfaction et en quoi nous sommes insatisfait.

Une fois parvenu au point d'immobilité et de repos, où nous ne sommes pas conduit à agir, nous pourrons alors nous demander, lentement et profondément, avec un cœur et un esprit ouverts, ce qui nous manque vraiment. En quoi cet instant n'est-il pas « cela » ?

Bien qu'il puisse nous venir des tas de raisons automatiques expliquant en quoi ce n'est pas « cela », pouvons-nous réellement savoir que ça ne l'est pas ? À chaque réponse qui nous vient, nous pouvons amenuiser notre restriction en continuant à examiner en quoi ce n'est pas « cela » ! À chaque fois que s'élève l'insatisfaction, nous examinons cette expérience directement et honnêtement, en en extrayant toutes les histoires et interprétations que nous y avons superposées, en fixant notre attention sur le « cela » que nous disons absent.

Cette pénétration directe de notre expérience nous permet d'être avec nous-même sans artifice, sans complications. Lorsque nous nous connectons à l'espace qui nous entoure, à l'environnement, aux personnes, aux pensées et aux sentiments qui leur sont associés, que pourrait-il bien manquer si nous n'y introduisons pas une histoire ou une interprétation ?

Le fait de voir cela engendre une ouverture immédiate, un lâcher-prise instantané. En nous abandonnant à un lieu de repos, de silence, de paix, nous découvrons le rayonnement de notre cœur dans tout son éclat, brillant de mille feux. Nous réalisons qu'il n'y a rien que nous devions faire et nulle part où nous sommes censé aller. La pression a disparu, et nous ne nous étions même pas rendu compte de sa présence.

13.

Phase 5 : Le dilemme

Cette nouvelle phase peut débuter doucement, par un sentiment de perplexité, un léger désarroi, une vague incertitude, ou éclater avec fracas au paroxysme d'une crise émotionnelle ou intellectuelle. Elle peut exploser lors d'une « crise de la quarantaine », ou prendre l'allure d'un simple questionnement intellectuel.

Tout pareillement, cette phase peut être vécue comme un interminable combat émotionnel où l'on bataille pour trouver sens et stabilité, ou comme le dernier reliquat d'une quête intellectuelle de clarté et de certitude.

Sur le chemin du développement personnel et spirituel, nous pouvons atteindre un point où nous commençons à perdre tout sentiment de progression ou de direction — peut-être parce que les choses se font si aisément et si automatiquement que nous commençons à nous demander qui fait cela, ou bien si nous avons vraiment besoin de faire quoi que ce soit. Nous ne savons plus trop bien si nous sommes au travail ou en vacances perpétuelles.

Mais qui sommes-nous donc ?

Cette phase peut aussi débuter par la prise de conscience que nous ne nous trouvons pas du tout là où nous le pensions. Peut-être allons-nous nous réveiller un beau matin et nous retrouver dans un travail ou une relation parfaitement insipide et soporifique, alors qu'hier encore le même travail ou la même relation nous passionnait et monopolisait toute notre énergie. Nous commençons à nous demander qui nous sommes exactement et à remettre foncièrement en question nos activités. La notion de progression elle-même semble se faire évanescente : qu'est-ce qui constituerait un progrès et, de toute façon, où allons-nous ? Peut-être allons-nous nous demander si nous sommes en train d'avancer, de reculer, ou bien de stagner — mais sans pouvoir réellement répondre à cette question. Nous pouvons à la fois avoir envie de battre en retraite ou d'aller de l'avant, et sentir que de tels moments pourraient nous emmener n'importe où — ou nulle part. Nous voulons à la fois nous accrocher et lâcher prise.

Une sensibilité aiguë

Durant cette phase, nos sentiments peuvent se mettre tellement à nu et s'ouvrir que nous ne saurions dire ce que nous ressentons — cela pourrait aussi bien être de l'amour que de la haine. Notre sensibilité est tellement exacerbée que là où nous ressentons de l'amour, nous reconnaissons aussi la présence de la haine. Notre sensibilité et notre ouverture, pourrait-on dire, incluent l'amour et la haine, tout en les transcendant.

Cette sensibilité s'étend à l'environnement. Peut-être commencerons-nous à remarquer qu'à chaque fois que nous notons un plaisir, il y a aussi un courant sous-jacent de peine ou de douleur. La chose est particulièrement manifeste lorsque nous sommes attaché au plaisir. La peur de voir cesser une expérience agréable peut provoquer une souffrance immédiate. En même temps, la souffrance peut détenir une qualité désirable, voire irrésistible.

Qu'est-ce qui est réel, qu'est-ce qui est illusion ?

Cette phase peut s'accompagner de toute une palette d'humeurs et d'émotions. Elle peut nous laisser perplexe et nous déconcerter, car nous ne savons pas ce que nous y gagnons ou perdons. Perdre ou gagner — s'agit-il d'une seule et même chose, ou bien de deux choses différentes ? Plus cette nouvelle énergie et ces nouvelles perceptions nous imprègnent, plus nous sommes perdu et incapable de dire ce que nous avons réellement gagné. Notre conscience semble s'élargir au point de totalement disparaître. Ce que nous gagnons, c'est peut-être l'absence de toute chose ! L'expérience est à la fois profondément riche de sens et complètement absurde. Nous nous demandons s'il s'agit vraiment de ce que nous avons connu de plus réel, ou bien d'une illusion totale. Le *Lankâvatâra Sûtra* exprime ainsi ce dilemme : « La réalité n'est pas ce qu'elle semble, elle n'est pas autre non plus. »

À mesure que grandit notre conscience, nous perdons chacune des pensées ou conceptions que nous avions pu avoir sur nos objectifs. Cette expérience peut être à la fois grisante et déconcertante car, tout en continuant de perdre l'espoir d'atteindre nos buts les plus chers, il nous semble recevoir tout ce que nous avons pu désirer.

Nous remarquons également que, si nous essayons d'utiliser ce lâcher-prise de nos espoirs et ambitions pour faire durer ou provoquer cette expérience, nous commençons à perdre ce que nous avons déjà. Nous pourrions bien nous trouver dans la double contrainte de nous efforcer de renoncer à tous nos désirs tout en cherchant à renoncer à tout effort.

Nous ne savons pas très bien si ce qui provoque cette expérience est quelque chose que nous faisons ou que nous ne faisons pas. Tous nos efforts pour y voir clair et comprendre ce qui se passe sont vains. D'un côté, notre expérience semble être liée à ce que nous pensons, mais en même temps, nous sentons que cela n'a rien à voir avec nos pensées ou nos ressentis. Nous ne voyons pas clairement si c'est nous qui en sommes la cause — ou si c'est quelqu'un ou quelque chose d'autre. Il peut être terrifiant de constater que nous n'avons aucun pouvoir, que rien de ce que nous pouvons faire ne peut susciter cette expérience — pas plus que la faire disparaître.

Nous commençons à pressentir que nous ne serons plus là pour connaître cette expérience ultime tant recherchée. Nous pressentons que, tant que nous serons dans les environs, elle se dérobera. Cela pourrait bien être la plus grande déception de toute notre vie. Juste au moment où nous touchions du doigt la révélation finale, le but ultime, nous sortons déjeuner ! Est-ce là la pénultième plaisanterie cosmique ?

La folle sagesse

Lorsque nous nous trouvons dans une telle incapacité de dire avec précision ce qui se passe ou à qui cela arrive, une immense lame de fond de lâcher-prise peut déferler en nous. Tous nos interminables efforts, jusqu'à celui de chercher à lâcher prise, peuvent sembler si insensés, si totalement absurdes, que nous ne pouvons que nous dissoudre dans les déferlantes d'un rire intarissable — comme si des éternités de lutte étaient tout à coup libérées sans effort dans un océan de folle sagesse. Curieusement, nous avons le sentiment de ne jamais avoir été aussi sain d'esprit, malgré la disparition totale des bornes habituelles (et conditionnées) qui contenaient nos pensées, nos sentiments et nos comportements. Nous cessons de nous inquiéter de notre image, tant physique qu'intellectuelle, et notre entourage, s'il ne réside pas dans un espace similaire, trouvera peut-être que nous nous comportons bien étrangement. Le paradoxe de nos pérégrinations et de notre combat pour être différent ou ailleurs que là où nous nous trouvons se dissout dans une folie qui peut être aussi déconcertante que libératrice.

Nulle part où aller

Nous finissons par nous rendre compte qu'il n'y a nulle part où aller. Nulle part où se réfugier. Nulle part où être autre que ce que nous sommes. Personne à être, sinon la personne que nous sommes. Nous revenons à la maison, à notre véritable identité, là où nous nous sommes toujours trouvé. Cet instant — qui ne requiert aucun effort, aucun changement, aucun mouvement — annonce l'imminence de la phase finale. C'est un lâcher-prise et une acceptation de ce qui a toujours été.

Le passage peut se produire, ou ne pas se produire. Et il n'existe aucun moyen de le savoir, puisque nous ne pouvons rien faire ni pour le provoquer, ni pour l'empêcher de se produire. L'avènement de la phase finale n'a rien à voir avec ce que nous pouvons bien faire — y compris ne rien faire — pour le susciter. En fait, l'espace du dilemme est tel que nous ne pouvons même pas savoir avec certitude si oui ou non il existe la moindre autre phase ou progression possible.

Comment neutraliser le dilemme

L'idée d'avoir besoin de neutraliser le dilemme est aussi paradoxale que cet état lui-même. L'une des principales caractéristiques de la phase du dilemme réside dans l'incapacité de savoir quoi que ce soit et dans l'absence *presque* totale du désir ou de l'énergie de trouver une réponse. Cependant, l'énergie qui nous pousse à vouloir savoir ou comprendre peut toujours faire surface dans cette phase, encore que par à-coups, et c'est ce besoin de savoir ou de comprendre qui peut nous immobiliser.

Lorsque nous recommençons à fonctionner avec l'idée préconçue que nous avons besoin de savoir, deux choses peuvent se produire. Ou bien nous voyons cette pulsion ou énergie s'évanouir d'elle-même comme nous reconnaissons toute l'inanité de notre lutte pour « savoir ». Nous pouvons atteindre un stade où l'idée même de faire un effort devient absurde. Ou bien, si le désir de savoir et de comprendre est pris au sérieux, ne serait-ce que vaguement, notre tentative de nous accrocher à notre interprétation de la réalité peut nous faire régresser dans n'importe laquelle des phases précédentes. Il suffit d'écouter le chant des sirènes, la séduction qu'exerce sur nous le « savoir », pour nous retrouver de nouveau sur la brèche à batailler pour connaître l'inconnaissable. C'est à ce moment-là, lorsque nous reconnaissons que nous sommes séduit et suborné par un besoin routinier de savoir, que nous pouvons avoir recours à des « techniques » légères afin de désamorcer la contraction engendrée par le dilemme.

Transpercer le besoin de savoir

La phase du dilemme est caractérisée par l'incapacité de s'accrocher au moindre point de référence solide. Le terrain est plus fluide et plus dynamique. Toutefois, lorsque l'état de non-savoir devient trop inconfortable, il peut nous arriver d'éprouver le besoin de trouver un point de référence connaissable. Il est cependant possible de travailler cela.

Tout d'abord, nous allons rechercher et identifier cette chose que nous avons besoin de connaître, puis nous poser les questions suivantes : « Comment saurai-je si ma réponse est vraiment la bonne ? Comment puis-je vraiment savoir ce qui est juste et ce qui est faux ? »

Nous allons faire cela, non pas en suivant la trajectoire habituellement empruntée lorsque nous recherchons une solution, mais en nous tenant au cœur de la question elle-même. Le fait de ne pas trouver une réponse toute faite peut accroître notre malaise. Cela peut aussi engendrer un sentiment de légèreté et de liberté, notamment quand l'absence de réponse n'est pas automatiquement et négativement jugée. Mais si notre malaise persiste, il importe de ne pas essayer de tempérer ce sentiment, car cela ne ferait que nous maintenir dans la même boucle sans fin. Au lieu de cela, nous allons inviter l'ouverture à accompagner notre expérience, quelle que soit la forme prise par cette dernière, et continuer notre investigation au cœur du dilemme en nous demandant : « Puis-je vraiment savoir qu'il en est ainsi ? Puis-je vraiment savoir si cela constitue bien un problème ? Puis-je vraiment savoir si cette réponse, ou aussi bien n'importe quelle autre réponse, est correcte ou fausse ? Puis-je vraiment savoir si ce que je recherche est quelque chose dont l'on peut se saisir ? » C'est par une investigation directe et une expérience directe que nous permettrons à un état jusqu'alors contracté de se relâcher.

Oublier l'idée d'avoir atteint le but

Une partie du paradoxe de cette phase réside dans la pensée ou le sentiment que « nous y sommes ! ». Notre esprit et notre cœur peuvent sembler s'ouvrir à une telle vastitude et à une telle liberté, que nous sommes inondé de flots de joie et de félicité. Il s'agit là, miraculeusement, d'un antidote *naturel* et spontané contre le piège de croire que nous sommes quelque part, obtenant quelque chose que nous avions identifié comme étant le but ultime ! Mais lorsque nous restons fixé sur la croyance que « nous y sommes », nous nous piégeons nous-même — et c'est là que nous devons remettre les pendules à l'heure et nous demander ce que nous croyons au juste avoir gagné. Si c'est l'état de liberté au-delà de la liberté et ne pouvant pas être « atteint », « obtenu », alors nous ne pouvons pas l'avoir « atteint » ou « obtenu » ! Donc, de quoi qu'il ait pu s'agir, ce dont nous nous étions emparé avec tant d'enthousiasme n'était pas, ne pouvait pas être cette expérience ultime. Cette prise de conscience ouvre encore une autre dimension d'expérience.

Abandonner tout effort

Dans l'onde d'effort sous-jacente qui caractérise l'état de dilemme, il y a toujours quelqu'un, il y a toujours quelque ego qui s'accroche à la croyance selon laquelle il existe quelque chose à obtenir, un endroit à atteindre autre que là où nous nous trouvons actuellement. S'accrocher requiert un effort, un effort essentiellement mental. Toutefois, lorsque notre attention passe de notre tête au centre du cœur, de la pensée au ressenti, à l'intuition, à simplement être, une vague d'ouverture peut déferler et emporter tout ce qui est là, et dans cette vague d'amour et de lumière tout effort s'évapore dans un pur espace — comme si le lâcher-prise survenait tout simplement lorsque le cœur s'ouvre à la vulnérabilité ultime de ne pas savoir quoi que ce soit. Un sentiment d'immense ignorance, d'ouverture totale, se déverse naturellement dans une rivière d'être — une rivière sans fin, sans direction, sans position, qu'aucun mouvement ou changement ne vient perturber.

Seul un ego fort peut abandonner

La seule chose qui nous retient est la demande subtile mais incessante de l'ego qui, pour être rassasié, doit avoir quelque chose à quoi s'accrocher.

Constater qu'il n'y a rien, absolument rien à quoi s'accrocher requiert, paradoxalement, un ego suffisamment fort et solide pour rendre les armes. Les egos fragiles sont dans l'incapacité de supporter cet état trop brut, trop exempt de protections, trop intense, trop incertain. Pour lâcher prise, il nous faut être bien ancré. Ancré non pas par la connaissance, les idées et les théories, mais ancré dans notre propre capacité à demeurer dans la vague de sentiments puissants et intenses qui peuvent accompagner le changement, l'incertitude et l'ouverture ultime, et à demeurer avec ces sentiments jusqu'à ce qu'ils finissent simplement par se dissoudre. Les pratiques des phases précédentes nous préparent à une ouverture croissante et au développement du rayonnement du cœur.

Nous en appellerons alors à la force de notre expérience de la vulnérabilité — à notre capacité de demeurer centré tout en barbotant dans l'incertitude et le malaise que celle-ci pourrait susciter. Et cela jusqu'au point où il n'existe plus aucune différence entre faire et ne pas faire, entre nous-même et les autres, entre plaisir et douleur. Tandis que nous autorisons cet état à faire surface organiquement, l'ego, dans son absence de forme, lâche prise sans aucun effort, sans aucune lutte, sans aucune peur.

Un courant d'amour

La peur est le dernier lien qui nous retienne. À l'instant où nous relâchons les derniers cordons de peur conditionnée, nous entrons dans un état qui n'est ni de peur, ni sans peur. Nous reconnaissons soudain la présence de l'amour infini qui nous est toujours et déjà accessible, que nous pouvons ressentir et connaître au-delà du connaître. Tout dilemme quant au fait de savoir ou ne pas savoir se défait de lui-même au sein d'un courant bien plus profond qui contient tous les aspects de l'expérience.

Formulations typiques de chaque phase

PHASE ÉMOTION	FORMULATIONS GÉNÉRIQUES
Déconnexion Isolement Rejet Peur Dispersion Séparation	À quoi bon ? Je laisse tomber. J'abandonne. C'est ridicule.Je suis inquiet. C'est dangereux. Il/Elle n'a aucune idée de ce que je suis. Il/Elle n'a aucune idée de ce que je ressens. Je me moque de la manière dont vous me percevez. Cela n'a rien à voir avec moi. Ce que je ressens ne les regarde pas.
Conflit Colère Attitude vindicative Condamnation	Je suis furieux. C'est de leur faute. Comment oses-tu me faire /dire cela ?

	Je lui rendrai la monnaie de sa pièce. Je ne supporte pas de ressentir cela. Il/Elle cherche à m'en faire voir.
Codépendance Dépendance Besoin Ennui	Il faut que je fasse plaisir à X. Sans X, je n'y arriverai pas. Que va penser X si je... Si tu ne fais pas telle chose, telle chose ne va pas m'arriver. Je dois demander à X si je peux faire cela.
Coexistence Vigilance Application Ambition Apprentissage	Je fais des progrès. Je vois ce qu'il me faut changer. Cela n'a pas marché, alors je vais m'y prendre autrement. Je me sens mieux. Je progresse. Il me reste encore quelque chose à comprendre. Je me rapproche du but. Si tu fais telle chose, tu t'en rapproches. Voyons, qu'est-ce que je pourrais bien apprendre de nouveau ?

Dilemme Confusion Rire Perplexité Anxiété	Je ne sais absolument pas si je fais des progrès ou non. Dois-je continuer de la même façon, ou m'y prendre autrement ? C'est complètement dingue. Il n'y a rien à faire ! Y a-t-il quelque chose à faire ? Je n'ai aucune idée de ce qu'il se passe — à moins que... J'y suis — Non, je n'y suis pas. Faut-il que je continue, ou que je m'arrête ? Je ne peux pas arrêter — Je ne peux pas continuer !
Présence Conscient Vigilant Détendu Calme Clair Spacieux Présent	

Exercice

Identifiez les cinq relations les plus importantes de votre vie actuelle. Écrivez le nom de chaque personne sur un morceau de papier différent. Prenez environ cinq minutes pour décrire par écrit votre relation avec chacune de ces personnes. Écrivez « automatiquement » — ne réfléchissez pas, contentez-vous de noter vos pensées, idées, émotions comme elles vous viennent. Lorsque cette pensée automatique se tarit, arrêtez-vous.

Après avoir décrit vos relations avec ces cinq personnes, réfléchissez aux cinq phases de croissance que nous venons d'examiner, puis déterminez dans quelle phase se situe chaque relation. Une relation peut chevaucher deux phases ou osciller entre plusieurs. Certains aspects de la relation peuvent se situer dans une phase, et d'autres dans une ou plusieurs autres phases. Vous découvrirez peut-être à propos de ces relations certaines choses qui vous avaient jusqu'à présent échappé.

Pour vous aider, vous pouvez vous reporter aux propos représentatifs de chaque phase présentés dans le tableau qui précède.

Si vous désirez approfondir cet exercice, vous pouvez rechercher les croyances conflictuelles spécifiques qui prédominent, ou à tout le moins se reproduisent, au sein de vos relations importantes.

14.

Phase finale : La présence

Il est difficile d'évoquer de manière spécifique la phase finale intitulée « présence » car, à ce stade, les mots commencent à manquer ou à devenir trop limitatifs. Curieusement, au cours des âges, des milliers de personnes ont employé des millions de mots pour tenter de décrire la présence, état d'une liberté infinie telle qu'il se situe en fait au-delà de la liberté. Certains ont utilisé des mots pour tenter de ne rien dire à propos de la présence. D'autres ont gardé le silence pour tenter d'en dire quelque chose. Cependant, ce qu'ils ont dit et ce qu'ils n'ont pas dit n'ajoute ni ne retranche quoi que ce soit à notre compréhension de cet état. Aucune description n'est plus exacte, aucune ne l'est moins.

Si donc vous espériez comprendre cette phase à la lecture de ce chapitre, n'y pensez plus. Refermez ce livre ! *Essayer* de comprendre ne servira qu'à vous empêcher de la vivre. Si vous entretenez l'espoir, même le plus infime, que la lecture de ces lignes est susceptible de vous apporter quelque chose, de vous permettre de comprendre ce que l'on éprouve quand on vit la présence, alors votre lecture est totalement inutile — cela ne peut en aucun cas vous aider à atteindre ce que vous dites chercher.

D'autre part, si vous essayez de comprendre la présence en « refermant ce livre », en décidant que vous allez vous contenter de laisser l'expérience apparaître d'elle-même, de manière organique, c'est également sans espoir. Refermer le livre ou vous plonger avidement dans ce chapitre revient strictement au même — dans un cas comme dans l'autre, vous essayez toujours de faire quelque chose pour obtenir cette expérience. Refermez donc ce livre ou, si vous préférez, poursuivez votre lecture — peu importe ce que vous décidez, cela ne fera aucune différence. Vous ne pouvez pas plus comprendre la présence que vous ne pouvez l'obtenir en tentant de la comprendre.

La présence n'est pas personnelle

La présence n'est pas un phénomène personnel. Il est fallacieux de dire d'un individu qu'il détient les ingrédients requis pour être présent comme nous dirions qu'il est perspicace ou très cultivé. Nous ne pouvons pas posséder la présence, nous ne pouvons pas nous l'approprier. Il ne s'agit pas simplement d'une faculté qui nous permettrait de voir les événements et autrui se plier à nos désirs. Ceux qui vivent la présence ne la ressentent pas comme une possession, une qualité ou un accomplissement. Ils ne l'objectivent pas en tant que chose possédée. Non, c'est plutôt une qualité transparente, à laquelle on ne pense même pas. Seuls ceux qui la considèrent comme une possession, une propriété que d'autres possèdent ou bien qu'eux-mêmes posséderont peut-être un jour, en font quelque chose de personnel. Mais ce qu'ils personnalisent ainsi n'est pas la présence.

La présence ne peut pas être trouvée

Nous ne pouvons pas trouver la présence en la cherchant, car cette recherche même présuppose que cet état se situe ailleurs que là où nous nous trouvons en cet instant même. Ce vécu ne se trouve pas dans un lieu où nous pourrions le découvrir. Nous ne pouvons pas le trouver en dehors de nous, ni non plus le trouver en nous. La présence ne se dissimule pas dans les recoins les plus cachés de notre esprit. Elle ne se situe pas non plus dans les cieux, pas plus qu'elle n'imprègne le monde dont nous faisons l'expérience. Mais nous ne pouvons pas dire non plus qu'elle ne se situe pas dans ces lieux. Elle ne peut pas être trouvée si nous la recherchons. Pourtant, elle est ici, dans l'espace même où nous nous trouvons en ce moment.

La présence ne peut pas s'acquérir

Nous ne pouvons pas davantage acquérir la présence, car elle ne peut être ni créée ni produite Nous ne pouvons pas l'acquérir en cherchant à obtenir quelque chose qui serait l'apanage de quelqu'un d'autre ou que nous ne posséderions pas.

Le *Tao-te king* l'exprime ainsi :

Cela ne s'obtient pas par l'attachement.
Cela ne s'obtient pas par le détachement.
Cela ne s'obtient pas par un avantage.
Cela ne s'obtient pas par un désavantage.
Cela ne s'obtient pas par l'estime.
Cela ne s'obtient pas par l'humilité.

Il n'y a rien que nous puissions faire — ou ne pas faire — afin d'être présent. La présence, c'est quoi que nous vivions, accepter et lâcher prise d'instant en instant, non pas par stratégie, mais en tant que réponse spontanée et naturelle à la vie. Pour certains, la présence est une chose qui se manifeste de toutes sortes de façons miraculeuses — les êtres présents seraient toujours au bon endroit, au bon moment, rencontrant les bonnes personnes. Cette perception provient uniquement du fait que dans la présence il n'y a pas de bon endroit, de bon moment ou de bonne personne. D'autres percevront la pré sence comme une manière d'être suprêmement ordinaire et naturelle.

Aucune pensée, aucune humeur, aucune attitude, aucun point de vue n'indique que nous sommes présent ou non présent. Ainsi, penser « Ah ! maintenant je suis présent » n'a rien à voir avec le vécu et la manière d'être dont nous parlons ici. Lorsque nous avons une telle pensée, nous pouvons aussi bien être présent que ne pas l'être.

La présence suppose que nous soyons ouvert à toute pensée, humeur, attitude ou opinion qui se trouve être là. Peu importe la nature de nos pensées ou de nos émotions — qu'elles soient bonnes ou mauvaises, heureuses ou déprimantes, paisibles ou agitées, intéressantes ou ennuyeuses, nous leur permettons d'être exactement ce qu'elles sont. Nous ne nous employons pas à en approuver certaines et à en rejeter d'autres. Nous ne nous félicitons pas de notre état, et ne nous le reprochons pas non plus. Nos pensées et nos sentiments ne sont ni bons ni mauvais. Ils sont simplement ce qu'ils sont.

Certains tentent de découvrir la présence en allant au-delà de leurs pensées ou de leurs croyances afin d'entrer exclusivement en contact avec ce qu'ils vivent, mais cela n'a rien à voir avec la présence ou un vécu au-delà de la liberté. Pourquoi ? Parce qu'il s'agit là d'une action intentionnelle et d'exclusion. En transcendant la pensée, nous cherchons à éviter une chose (penser) afin de reconquérir autre chose (notre expérience). Paradoxalement, la présence n'a rien à voir avec le fait de dépasser ou transcender nos pensées et nos croyances — la présence, c'est être pleinement ouvert à tout ce qui peut se manifester.

Si nous considérons « être présent » comme une injonction ou une recommandation de faire quelque chose ou de se comporter d'une manière particulière, cela n'a absolument aucun rapport avec la présence car il n'y a dans la présence aucun but, aucun sens, ni même aucune valeur. Être présent, c'est « simplement être ».

Aucune manipulation de ce que nous vivons

Si nous essayons de la moindre manière soit de supprimer une expérience soit de l'intensifier, nous ne sommes pas présent. Être présent, c'est simplement autoriser les choses à être exactement ce qu'elles sont. C'est simplement et pleinement apprécier nos pensées, nos sentiments et nos sensations tels qu'ils sont, sans avoir besoin de nous immiscer ou d'interférer. Cette manière d'être est toujours neuve et ouverte ; elle se situe au-dessus de toute suspicion et de toute méfiance puisqu'il n'y a rien à défendre ni à attaquer. À ce stade, notre expérience s'unifie car la faculté de ne se fixer sur rien, d'instant en instant et avec un détachement total, aplanit toute expérience discordante ou même perturbante.

C'est une nouvelle façon de vivre qui nous laisse totalement comblé d'instant en instant, véritablement libre des pensées pesantes et des émotions conflictuelles. C'est une liberté infinie qui pourfend nos croyances illusoires de pouvoir nous trouver ailleurs que là où nous nous trouvons, ou être autre que ce que nous sommes.

Authentiquement ouvert à toutes nos pensées, tous nos sentiments et toutes nos perceptions, c'est alors que nous sommes présent. Nous vivons une liberté qui nous permet d'être pleinement là où nous nous trouvons, sans plus éprouver le besoin de fuir ou de nier tel aspect de nous-même ou telle expérience. Ce vécu ne possède pas de degrés. Qu'il puisse être meilleur est totalement inconcevable — on n'y pense d'ailleurs même pas, car il n'appartient en rien au domaine des jugements et des comparaisons. Ce vécu est tellement éloigné de nos considérations habituelles nous poussant à rectifier, améliorer ou approfondir ce que nous vivons qu'il est véritablement spirituel, tout en étant indéniablement réel et immédiat.

La présence ne peut pas non plus se perdre

La présence ne peut pas se perdre, car elle ne peut être ni créée, ni détruite. Si nous pensons avoir perdu la présence que nous croyions vivre, ce que nous pensons avoir perdu n'est pas la présence, n'est pas la liberté. Ce doit être quelque chose d'autre — fort probablement un sentiment particulier de clarté ou de calme.

Penser que nous avons perdu notre présence, c'est

simplement cela : une pensée. Un peu comme penser au beau milieu de notre journée de travail qu'il serait bien agréable de rentrer chez nous maintenant. Y attacher davantage ou moins d'importance serait absurde.

Même si nous persistons et tentons de définir la présence par la caractéristique qu'elle ne peut être ni acquise ni perdue, nous ne pouvons toujours pas la perdre — car elle ne peut pas être définie.

La réalité telle qu'elle est

Dans la présence, nous vivons la réalité exactement telle qu'elle est, sans aucune préférence, sans aucun désir qu'elle soit autre. Il n'existe aucun sentiment que quoi que ce soit manque, ou pourrait manquer.

Cette ouverture est une expression de l'amour le plus profond, un amour qui va au-delà de l'amour, car il est si vaste qu'il ne connaît aucune limite. C'est une liberté qui va au-delà de la liberté elle-même, car toutes les dualités apparentes se fondent simplement au sein de leurs propres formations non structurées, leur dissolution étant aussi invisible et instantanée que leur apparition. La perfection est en cet instant même, ici et maintenant. Il est inconcevable qu'il puisse en être autrement.

Dans cette fusion totale avec la réalité survient la dissolution ultime de toute séparation entre soi et l'autre, entre être et ne pas être, entre la forme et le vide. Nous réalisons qu'il n'y a jamais eu la moindre séparation entre notre soi ultime et tout ce qui existe. Nous savons qu'il n'y a rien à savoir, nulle part où aller et rien que nous devions faire. C'est dans ce lieu qui est à la fois partout et nulle part que nous nous abandonnons à une grande paix naturelle et pouvons faire preuve, en tous lieux et toutes circonstances, d'une parfaite équanimité, d'une compassion, d'une clarté, d'une grâce et d'une force totales.

Ainsi rentrons-nous à la maison, à ce que nous sommes réellement et avons toujours été.

QUATRIÈME PARTIE

LA PRATIQUE ET AU-DELÀ

15.

La pratique et au-delà

Au fil des siècles, des centaines de méthodes visant à faire connaître à leurs pratiquants l'expérience de la présence ou de la liberté infinie ont été conçues, essayées et mises à l'épreuve. Si beaucoup d'entre elles sont immédiatement efficaces, un plus grand nombre encore, même pratiquées des années durant, ne débouchent que fugitivement sur l'expérience recherchée. En fait, de nombreuses méthodes ne font bien souvent que renforcer involontairement la croyance qu'il « manque quelque chose ».

Nous avons étudié dans ce livre un certain nombre de stades, depuis la découverte que notre souffrance est engendrée par des croyances contradictoires ou refusées jusqu'à la prise de conscience qu'il est possible d'accéder, de manière extrêmement simple et avec un effort minimal, à un état de liberté infinie. Nous avons aussi mesuré la nature suprêmement paradoxale de notre quête de liberté, une liberté qui nous conduit au-delà de tout désir de liberté, au-delà de notre recherche d'un état qui est toujours et déjà là.

Au-delà de la liberté

La plupart d'entre nous avons, à un moment ou un autre, connu des périodes durant lesquelles nous nous sentions totalement libres de vivre pleinement la texture et la teneur de notre vie, sans accepter ou rejeter les détails particuliers de notre expérience. Dans ces moments-là, rien ne peut perturber notre tranquillité d'esprit. Peu importe où nous nous trouvons ou qui entre dans notre orbite, cela ne vient ni renforcer ni amoindrir notre sérénité naturelle et notre profonde clarté. Au cœur d'une telle expérience, rien, absolument rien, ne peut les améliorer ou les détruire.

Nous pourrions dire qu'en ces moments-là « rien ne manque », car l'expérience semble aller au-delà de toute pensée, inquiétude ou considération quant à notre complétude ou incomplétude. C'est en un sens une liberté qui se situe au-delà de la liberté. Elle est sans frontière, sans restriction aucune. Elle est à la fois sans commencement et sans fin.

La perte de la liberté

Il existe des moments où nous vivons la présence sans aucune raison apparente. À d'autres moments, nous pensons que notre expérience est le fruit de telle ou telle pratique psychologique ou spirituelle. Peut-être même avons-nous accédé à des états suprêmement sublimes et merveilleux en lisant ce livre.

Pourtant, ces expériences ne constituent parfois que des instants fugitifs, des parenthèses dans le contexte plus vaste de notre vie. Leur disparition est aussi rapide que notre tentative de nous en emparer. Ou bien elles s'évaporent lentement, ou bien quelqu'un ou quelque chose déclenche un réveil brutal qui nous replonge dans le monde des jugements et des préférences, monde que nous ne connaissons que trop bien et désirons bien souvent modifier ou éviter.

Dès que nous avons le sentiment d'avoir perdu quelque chose, surtout quelque chose d'aussi précieux que la liberté, nous pouvons tout naturellement vouloir retrouver cette expérience. Un sentiment de perte concomitant peut être plus ou moins fortement ressenti.

En remarquant cette perte, nous stimulons la recristallisation d'une croyance fondamentale selon laquelle il « manque quelque chose ». À l'instant même où nous ressentons que « quelque chose manque », nous créons la nécessité de travailler davantage et de renforcer nos efforts pour revivre ce qui manque.

Lorsque cette croyance commence à se solidifier, nous nous mettons généralement en quête d'une pratique apte à nous aider à retrouver ce sentiment de liberté et notre acceptation de ce que nous sommes et de notre situation.

Notre relation à la pratique

En règle générale, lorsque nous nous engageons dans une pratique spirituelle, nous le faisons sans être conscient du dialogue plus large au sein duquel notre pratique prend place. Nous pratiquons parce que nous croyons que cela va nous rapprocher de nos objectifs. Nous tenons pour acquis qu'il est bon de pratiquer, et qu'il s'agit simplement de découvrir la *bonne* pratique.

Cela peut nous conduire à adopter et rejeter n'importe quel nombre de pratiques, ce nombre dépendant de la manière dont nous jugeons notre progression. Cela peut aussi nous conduire à conserver la même pratique pendant des années, voire des dizaines d'années, conformément à notre croyance que celle-ci finira par apporter le résultat escompté.

Lorsque nous nous adonnons à une pratique pendant une période prolongée, nous pouvons tellement en connaître le moindre détail et nous y habituer qu'elle peut perdre sa fraîcheur initiale et devenir une réponse conditionnée qui ne sert plus notre intention originelle. Pour vérifier si notre pratique a conditionné notre mental, il suffit d'observer ce qui se passe si, pour une raison ou une autre, nous nous trouvons dans l'impossibilité de nous y adonner. Si le fait de ne pas avoir pu pratiquer engendre du stress et de l'anxiété, nous pouvons en conclure que notre pratique constitue, au moins à certains égards, davantage un conditionnement qu'un déconditionnement de notre mental.

Nous allons examiner dans ce chapitre notre relation aux pratiques que nous recherchons afin de revivre une expérience de présence. Nous vous y proposons un mode de relation à la pratique qui, en permettant de s'assurer que ladite pratique ne devient pas une nouvelle série de réponses conditionnées ou un artefact que nous plaquons sur ce que nous vivons, peut hisser cette relation à un nouveau niveau de liberté.

Nous ne préconisons aucune pratique spécifique. La perspective que nous proposons peut être appliquée à toutes les pratiques exposées dans ce livre. Nos suggestions sont simplement destinées à vous permettre de travailler directement sur les différents aspects de la croyance qu'il « manque quelque chose ».

Notre intention première est de faire apparaître les interprétations et croyances sous-jacentes qui accompagnent la pratique. Une fois ce point établi, nous proposons des pratiques qui peuvent être intelligemment utilisées pour ranimer une expérience de liberté infinie ou naturelle, laquelle n'a pas besoin d'être cultivée.

Il importe de noter qu'aucune pratique, quelle qu'elle soit, ne permettra de retrouver ce qui est absent tant qu'elle sera considérée comme un moyen d'atteindre un objectif futur.

Les pratiques spirituelles devraient nous aider à nous occuper de nous de la manière la plus naturelle possible. Il nous faut donc trouver un équilibre entre faire et ne pas faire, entre ignorer le besoin de faire quelque chose et obéir les yeux fermés à la pulsion d'agir dès que nous croyons qu'il « manque quelque chose ».

Observer nos réactions

Ce dont nous avons besoin, ce sont des pratiques qui reconnaissent notre puissant besoin de *faire* quelque chose lorsque nous trouvons notre vie difficile, douloureuse ou ennuyeuse. En outre, elles ne doivent pas engendrer la moindre dépendance vis-à-vis de la pratique elle-même.

Notre pratique doit pouvoir prendre place relativement indépendamment de l'endroit où nous nous trouvons ou de ce que nous pensons ou ressentons. Elle doit aussi convenir à notre tempérament naturel, de façon à nous permettre de vivre la profondeur, le champ et l'ouverture de notre expérience immédiate sans la déformer ou en faire quelque chose de mécanique.

Il existe une pratique « portable » et organique répondant à cette exigence : il s'agit de simplement observer nos réactions face à ce que nous vivons. Les réactions surviennent chaque fois que nous apprécions ou n'aimons pas ce que nous vivons, engendrant tout un éventail de pensées évaluant la situation ainsi qu'une vaste palette d'humeurs, de sentiments et d'émotions — pouvant à leur tour conduire à des actions stratégiques destinées à supprimer ce que nous n'aimons pas et à prolonger ce que nous aimons.

Le désir et l'aversion constituent les réponses de base habituelles apparaissant dans nos pensées, nos sentiments et nos émotions. L'observation de nos réactions nous permet de constater que ces réponses sont étroitement tissées dans la trame de nos pensées, de nos sentiments, de nos perceptions et de nos actes.

Il s'agit donc de noter, tandis que notre expérience change ou évolue, si ce qui se passe nous attire ou nous déplaît. L'attirance est indiquée par des pensées du type : « J'aime cela », « Pourvu que cela dure », « C'est fantastique ». Les pensées pouvant signaler l'aversion comprennent : « C'est horrible », « Si seulement je pouvais être ailleurs », « Cela ne me plaît pas du tout ».

Tandis que nous commençons à nous livrer à ces simples observations, toute une série de jugements, d'attitudes et de tendances deviennent évidentes. Nous voyons comment nous essayons de prolonger ce que nous aimons, et d'atténuer ou modifier ce que nous n'aimons pas. Nous voyons comment nous tentons de diluer ou d'intensifier notre expérience en fonction du désir ou du rejet que cette dernière suscite en nous.

Les moyens par lesquels nous tentons de diluer notre expérience peuvent inclure : l'ignorer, la supprimer, la taire, en faire part, la rejeter, l'analyser, la banaliser ou nous y soumettre. Quant aux moyens visant à l'intensifier, ils peuvent consister à : la garder pour nous, l'embellir, l'exagérer, la dramatiser, la pressurer, la communiquer ou l'énergétiser.

Voir les réactions au sein des réactions

En observant nos réactions, nous concentrons notre attention sur la manière dont celles-ci se manifestent. Imaginons par exemple que nous jugions cet exercice utile, ou inutile. Nous observerons que cela n'est qu'une autre réaction. Si nous adoptons vis-à-vis de nos observations une approche en force, intense, nous prendrons conscience de cela. Si nous pensons que nous faisons cela mollement, en dilettante ou de façon morcelée, nous le noterons.

Une partie de cette pratique implique également d'observer notre relation aux réactions elles-mêmes. Nous pouvons découvrir, par exemple, que nous considérons les réactions comme des entraves à l'expérience de la présence. Ou bien nous pouvons considérer nos réactions comme des déviations de notre condition naturelle. Nous pouvons alors franchir un pas supplémentaire, et essayer d'extraire ces réactions de ce que nous vivons.

Éviter les extrêmes

Nous pouvons aussi nous sentir poussé à modifier notre comportement afin d'éviter les réactions *extrêmes*. Par exemple, si nous avons remarqué que nous appliquions une structure rigide sur cette pratique, bien souvent nous allons adoucir notre approche afin de conférer à l'expérience une plus grande harmonie naturelle. Mais nous pouvons aussi commencer à observer les histoires que nous inventons pour valider et invalider notre expérience ; cette observation restaure naturellement l'équilibre.

Cette description des diverses possibilités qui s'offrent à nous pour nous relier à notre expérience ne vise ni à vous encourager à les utiliser ni à vous en décourager. Elles constituent simplement des outils pratiques pouvant vous permettre d'observer vos comportements ou vos pensées.

Simplement être

Il arrive un moment, lorsque nous observons nos réactions, où notre expérience devient plus simple et plus intégrée. Nos réactions et ce à quoi nous réagissons s'interpénètrent et perdent leur caractère distinctif — et par là, se transforment mutuellement. Tout en pouvant être différenciées, nos réactions et nos sensations brutes ne sont plus vécues comme des choses séparées et indépendantes. Au fur et à mesure que s'approfondit cette pratique, la résistance et l'attraction que nous éprouvons à l'égard de nos réactions se dissipent naturellement. À ce stade, nous découvrons que nos réactions peuvent simplement être là sans drame, confusion ou complexité. Si elles sont là, elles sont là. Si elles ne sont pas là, elle n'y sont pas. Les jugements accablants que nous portions vis-à-vis de ce que nous devrions ou ne devrions pas éprouver se dissolvent, faisant place à l'expérience spacieuse et équanime d'*être dans le monde*.

Cette nouvelle évolution de notre pratique provient de notre prise de conscience qu'il n'existe aucune caractéristique particulière qui différencie nos réactions des choses auxquelles nous réagissons. Nous constatons qu'une pensée agréable ou déplaisante à laquelle nous réagissons peut tout aussi facilement être considérée comme n'importe quelle réaction à quelque autre pensée, sentiment ou perception. Ce n'est que ce que nous nous disons à nous-même.

Nous atteignons un stade où tout, ou rien du tout, peut être vu comme une réaction.

Toutefois, il peut toujours persister un vague sentiment d'avoir besoin de faire quelque chose si nous voulons *vraiment* entrer dans cette expérience et l'approfondir. Tant que notre pratique n'est pas devenue entièrement naturelle et omniprésente, exempte de tout effort, demeure la possibilité de penser que nous avons besoin de l'affiner. La notion qu'il existe quelque chose à cultiver et entretenir peut continuer de nous séduire.

Lâcher prise naturellement

Tant que nous croyons que quelque chose n'est pas encore tout à fait au point, pas encore parfait, nous pouvons continuer à chercher dans notre besace un outil qui nous aidera à trouver ce qui est censé manquer. Nos perceptions se faisant plus harmonieuses, plus fines, nous pouvons nous mettre en quête d'une pratique encore plus subtile, encore plus organique, encore moins forcée. Nous pouvons aussi nous retrouver dans le dilemme de ne pas savoir si oui ou non il existe la moindre pratique particulière apte à nous rapprocher de notre but.

Cela peut nous conduire à tenter la pratique de l'ouverture naturelle décrite au chapitre 6, dans l'espoir qu'elle pourra ranimer l'expérience recherchée. La chose serait compréhensible, puisque cette pratique a pour objectif spécifique de dissoudre ou d'harmoniser toutes les croyances conflictuelles limitantes, même les plus subtiles et les plus fugaces.

Si nous avons déjà pratiqué l'ouverture naturelle, nous pouvons revenir à cette pratique, sachant que, lorsque nous y entrons spontanément, nous voyons bien que nous n'avons plus rien à faire et rien de plus à accomplir ou réussir. Nous nous trouvons simplement dans un état naturel d'ouverture et de présence. Dans cet état, nous ne cherchons pas à expliquer ou comprendre comment ou pourquoi nous sommes « simplement présent ». Nous pourrions dire qu'à ce stade, l'ouverture naturelle *est* la présence.

Nous pourrions aussi dire que les exercices tels que ceux exposés dans les chapitres 7 à 13 préparent à l'expérience de l'ouverture naturelle, car ils peuvent activement contribuer à faire fondre des structures de croyance jusque-là bien solides, à les relâcher et finalement à les faire s'effondrer. Toutefois, lorsque l'expérience de l'ouverture naturelle se produit, il est impossible de réellement l'imputer au moindre de ces exercices.

Car l'ouverture naturelle est une expérience qui se situe au-delà de la liberté, au-delà de la pratique ou de la stratégie.

Nous en revenons donc au même dilemme : que pratiquer, et à quel moment ? La raison de ce dilemme est simple : nous savons que, lorsque nous pratiquons réellement l'ouverture naturelle, nous atteignons un point où nous ne pouvons que nous renverser dans notre fauteuil et regarder — dans l'émerveillement et la joie — les croyances limitatives et les émotions potentiellement réductrices s'évanouir dans le néant. Même le stress le plus subtil est automatiquement gommé à l'instant même où, en d'autres moments, il se serait formé.

Comme c'est étrange ! Nous étions là à utiliser une méthode pour trouver ce qui manquait, et la méthode elle-même a semblé s'évaporer en même temps que toutes nos autres préoccupations !

L'ouverture naturelle transcende la pratique

Nous atteignons maintenant un stade où nous n'utilisons plus l'ouverture naturelle comme une pratique ou une méthode. Au lieu de cela, nous nous contentons d'observer et d'apprécier, comme nous le faisons tous lorsque nous résolvons authentiquement le conflit — c'est-à-dire lorsque nous ne le maintenons pas à distance (temporairement) en supprimant une croyance qui entre en conflit avec notre vision préférée des choses.

Lorsque nous sommes présent, il est en effet impossible de *pratiquer* l'ouverture naturelle — c'est totalement hors de propos. Mais cela ne doit pas nous empêcher d'avoir recours à l'ouverture naturelle, ou à toute autre pratique, pour retrouver ce que nous croyons avoir perdu.

Dissolution — Dépasser la pratique

Il arrive un moment, au cours des pratiques précitées, où nous pouvons penser que nous ne faisons là rien de spécial ou d'unique. Alors que nous avions jusque-là vécu la pratique comme une discipline — un exercice que nous faisions, opposé au non-faire —, nous ressentons maintenant qu'il n'existe aucune pratique.

Il n'y a rien à faire ou réaliser qui soit différent de ce que nous sommes déjà en train de faire. Nous vivons l'impossibilité de nous accrocher à nos plaisirs et de renvoyer nos expériences douloureuses. Que pourrions-nous bien faire d'autre ? À ce stade, nous voyons que nous faisons déjà ce que nous *essayions* de faire. Nous sommes devenu présent à ce que nous sommes et à ce que nous faisons !

Nous nous rendons compte que rien de ce que nous pourrions faire n'a la capacité de magnifier ou de faire disparaître notre expérience de la présence, ce qui rend l'idée de pratiquer totalement absurde. Nous pourrions réciter un mantra, écouter de la musique planante, invoquer la pratique de l'ouverture naturelle ou observer nos réactions, mais cela n'apporterait pas un iota de plus à notre expérience de présence. Ce seraient juste de nouveaux événements survenant dans le champ de notre conscience. En fait, il n'y a rien que nous puissions faire pour altérer ou accroître la qualité de notre état de présence.

Lorsque nous sommes ainsi ouvert, il est impossible de baisser le rideau. Notre conscience est si aiguisée et si spacieuse que rien ne peut échapper à notre regard. Nous ne pouvons que voir ce que nous sommes en train de faire. Nous sommes désormais dans l'impossibilité de nous donner le change ou de nous abuser.

Nous atteignons un point où nous reconnaissons la notion de pratique comme une simple conversation posée sur le flux de notre expérience. Il ne peut pas y avoir de « pratique ». Il ne peut y avoir que la description d'un exercice, telle que celles présentées dans ce livre.

De ce point de vue, nous pourrions tout aussi valablement dire que tout est notre pratique ou que la pratique, cela n'existe pas.

Ce n'est pas un abandon

L'expérience que nous décrivons ici ne doit pa être confondue avec un abandon de la pratique Cette expérience n'a absolument rien à voir avec l fait de délibérément cesser de pratiquer.

Ce dont nous parlons ici représente une transi tion organique qui survient au cœur de la pratiqu lorsque nous découvrons que celle-ci s'est transfor mée pour devenir une appréciation naturelle, hor de tout effort, ouverte et totalement spontanée, de chaque instant qui passe. Nous découvrons que nous ne faisons en fait rien d'autre que ce que nous pourrions, sinon, être en train de faire.

Conscience non conditionnée

Les traditions orientales désignent ce point de fructification de la pratique comme « la pratique sans pratique ». Il n'y a tout simplement rien à pratiquer parce que nous n'avons plus nulle part où aller. Nous nous trouvons à un point où le chemin spirituel se dissout, tout simplement. Notre expérience ne peut être ni améliorée ni détruite.

Cette expérience de conscience non conditionnée est si pure et si exempte de structure que notre cœur et notre esprit sont en complète harmonie. Nous sommes totalement ouvert et pleinement présent à toute personne et toute chose. Il n'y a rien à quoi s'accrocher, rien à rejeter.

Il s'agit là d'un havre profond, car au sein de cette expérience d'être rien ne peut évincer notre vécu de liberté infinie.

Appendice

Sources

Cet appendice est destiné aux lecteurs intéressés par les sources historiques des idées et des méthodes présentées dans cet ouvrage. Ce dernier constitue une synthèse contemporaine et moderne d'idées et de méthodes ayant pris naissance en Inde, en Chine et au Tibet au fil des deux mille cinq cents dernières années. Nous avons principalement puisé dans les traditions bouddhiques, bien que de nombreuses idées exposées dans ce livre se retrouvent aussi dans la philosophie taoïste. Nous considérons ce livre comme une contribution significative au sein d'une lignée de sagesse pratique qui est cultivée, affinée et transmise en Orient, et plus particulièrement en Inde, depuis plus de trois mille ans.

Après avoir écrit ce livre, nous nous sommes rendu compte que sa structure suivait essentiellement une approche séculaire, que le Bouddha fut le premier à formuler : « Les Quatre Nobles Vérités », ou principes d'élévation spirituelle (*arya-satya*). Il s'agit d'un enchaînement logique utilisé dans toutes les traditions bouddhiques pour décrire la détresse de la condition humaine et proposer des solutions aux problèmes que nous connaissons.

Dans les écrits traditionnels, ces quatre Vérités sont les suivantes :

1. La souffrance existe.
2. La souffrance a une cause.
3. La souffrance ayant une cause, sa cessation est possible.
4. Il existe une méthode pour mettre fin à la souffrance. Bien que décrite de bien des manières dans le bouddhisme, cette méthode s'en réfère toujours à la pratique de la Voie du Milieu, laquelle évite les extrêmes que constituent l'acceptation ou le rejet de ce que nous vivons.

Notre interprétation moderne de la démarche spirituelle peut être vue comme une nouvelle formulation de ces quatre Vérités. Cette nouvelle formulation nous permet d'intégrer les méthodes les plus puissantes et les plus efficaces ayant été élaborées dans le bouddhisme, pour en faire un seul et unique système simple et cohérent. Notre interprétation formule ainsi les quatre Vérités :

1. La vie peut être stressante.
2. Le stress est provoqué par des croyances conflictuelles.
3. Les croyances conflictuelles peuvent être har-

monisées — harmonisation qui aboutit à la présence.
4. La méthode est l'ouverture naturelle.

Cette nouvelle formulation incorpore et marie les éléments les plus importants du bouddhisme fondamental (la tradition Nikaya), de la Voie du Milieu (Madhyamika) et de la Plénitude totale (Dzogchen). Nous avons ainsi apporté une continuité théorique et pratique à trois des plus importantes traditions qui constituent la quintessence du bouddhisme.

La découverte de l'interface et de la compatibilité entre ces trois traditions nous a permis d'élaborer un système de développement personnel et social que vient optimiser la conjugaison de trois méthodologies déjà extrêmement efficaces.

Plus particulièrement, nous avons pu associer la puissance structurelle de la Voie du Milieu (Madhyamika) à l'aisance, à l'acceptation et à la nature organique de la perspective du Dzogchen. Dans ce processus d'adaptation, nous avons privilégié les aspects affectifs plutôt que logiques de la Voie du Milieu. Dans la Voie du Milieu traditionnelle, la déconstruction réciproque de croyances contraires est accomplie par une logique analytique utilisée tant dans les milieux où l'on pratique la dialectique que dans les écoles contemplatives. Dans nos programmes pratiques, nous travaillons directement sur l'équilibrage de « paradoxes émotionnels et spirituels ».

Enfin, pour ceux qui souhaitent approfondir les

liens entre les traditions bouddhiques et notre interprétation, voici les correspondances majeures :

1. Le stress et la tension sont les équivalents de *duhkha*, mot traditionnellement traduit par « souffrance » ou « caractère insatisfaisant ». Dans notre livre, les mots « souffrance » et « stress » sont interchangeables.
2. Le terme « présence » est notre traduction du mot *vidya* (*rig pa* en tibétain). Dans la tradition du Dzogchen, ce terme désigne un état de conscience pure et sans tache au sein de laquelle nous sommes présent à tout ce qui est.
3. Le concept et le rôle cruciaux des « croyances » correspondent à plusieurs termes bouddhistes apparentés tels que *drshti* (point de vue ou opinion), *paksha* (position), *pratijna* (théorie).
4. L'idée que nos croyances façonnent notre expérience du monde est contenue dans le concept de la Voie du Milieu, selon lequel le monde existe par la puissance d'une description linguistique (*prajnapti-sat*).
5. Nous indiquons dans notre livre que le stress est provoqué par des croyances conflictuelles. Il s'agit également d'un aspect de la philosophie de la Voie du Milieu, développé pour la première fois en Inde au IIe siècle par Nâgârjuna, mais aujourd'hui négligé. En général, les érudits bouddhistes n'ont pas encore vu que ce concept explique complètement les paradoxes de la Voie du Milieu (*prasanga*), lesquels

déconstruisent des positions logiquement contraires. Cette méthodologie est expliquée en détail dans un ouvrage intitulé *The Ontology of the Middle Way* (Peter Fenner, Kluwer Publications, Dordrecht, Pays-Bas, 1990). On trouvera également un modèle global des changements cognitifs suscités par l'utilisation de la méthode de la Voie du Milieu dans un environnement traditionnel dans *Reasoning into Reality* (Peter Fenner, Wisdom Publications, Boston, Massachusetts, États-Unis, 1993).

6. L'observation selon laquelle les croyances se forment en paires d'opposés logiques se retrouve dans le bouddhisme et le taoïsme. Cette idée est exprimée formellement dans la théorie du sens (*apoha*) développée par des philosophes bouddhistes au Ve siècle, selon laquelle les choses sont définies par ce qu'elles ne sont pas. Le processus même par lequel les croyances apparaissent et se déconnectent en opposés logiques est merveilleusement décrit dans le bouddhisme par le terme *vikalpa*, qui signifie littéralement « conceptualisation à deux branches ».
7. La distinction entre croyances superficielles et croyances profondes correspond à la distinction entre *parikalpita* et *sahaja*, que l'on trouve dans la Voie du Milieu ainsi que dans d'autres écoles bouddhiques.
8. Enfin, la méthode de l'ouverture naturelle a

pris pour modèle le concept de *rang grol* du Dzogchen. Le terme *rang grol* signifie littéralement « liberté naturelle » ou « auto-libéré ». La liberté naturelle se réfère au fait que la nature de l'esprit (*sems nyid*), c'est-à-dire notre être véritable (*chos nyid*), est intrinsèquement libre, en ce sens qu'il n'est ni modifié ni entaché par les circonstances extérieures ou intérieures. Lorsque nous entrons en contact avec la source de notre être, nous sommes intrinsèquement libre, car nous nous sentons spacieux et libéré quels que puissent être les circonstances extérieures ou notre état intérieur.

Le terme *rang grol* se réfère aussi au fait que les émotions oppressantes et les croyances limitatives peuvent être libérées à partir d'elles-mêmes dès lors qu'elles sont vécues exactement telles qu'elles sont, sans leur opposer de résistance. En d'autres termes, la véritable nature de nos émotions et de nos pensées est d'être libres spacieuses et non contraintes. Nous employon l'expression « ouverture naturelle » pour dési gner à la fois la capacité d'autolibération de pensées et des émotions et une méthode déli cate, mais efficace, destinée à harmoniser et par là, à libérer les émotions et les croyance conflictuelles (voir chapitre 6 du présen ouvrage).

Remerciements

Nous remercions nos maîtres tibétains, Lama Thubten Yeshe et Lama Thubten Zopa Rimpoché, qui depuis vingt-cinq ans nous prodiguent leur enseignement, nous encouragent, nous épaulent et nous inspirent dans notre quête de la vérité de la réalité.

Cet ouvrage est né non seulement de nos propres années de pratique, de recherche et d'enseignement, mais également de l'ouverture et de l'implication de tous ceux qui, dans de nombreux pays, ont travaillé avec nous, en stage ou individuellement. Que chacune et chacun en soit ici remercié(e) ; ils ne s'en doutent peut-être pas, mais leur contribution est grande à maints égards.

Que soient également remerciées :

Jacinta Delaney, qui a vérifié et parfait notre manuscrit.

Gisèle Gaudebert, emportée par une mort soudaine alors qu'elle traduisait ce livre.

Véronique Massin, qui a parachevé ce travail avec l'appui de Liliane Montalbano.

Enfin, toute notre affection à notre amie Nadège Amar.

Table

Troisième partie
Les phases de croissance

Quatrième partie
La pratique et au-delà

« *Espaces libres* »
au format de poche

DERNIERS TITRES PARUS

80. *Henri Le Saux, le passeur entre deux rives*, de M.-M. DAVY.
81. *La Petite Sainte Thérèse*, de M. VAN der MEERSCH.
82. *Sectes, Églises et religions, éléments pour un discernement spirituel*, de J.-Y. LELOUP.
83. *À l'écoute du cœur*, de Mgr MARTINI.
84. *L'Oiseau et sa symbolique*, de M.-M. DAVY.
85. *Marcher, méditer*, de M. JOURDAN et J. VIGNE.
86. *Le Livre du sourire*, de C. de BARTILLAT.
87. *Le Couple intérieur*, ouvrage collectif sous la dir. de P. SALOMON.
88. *Nous avons tant de choses à nous dire*, de R. BENZINE et C. DELORME.
89. *Tous les matins de l'amour*, de J. SALOMÉ.
90. *L'Orient intérieur*, ouvrage collectif sous la direction de M. de SMEDT.
91. *Les Évangiles des quenouilles*, traduits et présentés par J. LACARRIÈRE.
92. *Les Mémoires de l'oubli*, de J. SALOMÉ et S. GALLAND.
93. *Qu'est-ce qu'une religion ?*, d'O. VALLET.
94. *Science et croyances*, de A. JACQUARD et J. LACARRIÈRE.
95. *Nicolas Berdiaev, ou la révolution de l'Esprit*, de M.-M. DAVY.
96. *Dernier avis avant la fin du monde*, de X. EMMANUELLI.
97. *Jésus et Bouddha*, d'O. VALLET.
98. *D'un millénaire à l'autre. La grande mutation*, collectif dir. par F. L'YVONNET.
99. *Un Juif nommé Jésus*, de M. VIDAL.
100. *Le Cercle sacré. Mémoires d'un homme-médecine sioux*, d'A. FIRE LAME DEER.
101. *Être à deux ou les traversées du couple*, collectif dir. par N. CALMÉ.
102. *La Source du bonheur*, de C. BOIRON.
103. *Une passion*, de C. SINGER.
104. *Cent prières possibles*, d'A. DUMAS.
105. *L'Art de vivre au présent*, collectif dir. par É. LE NOUVEL.
106. *Manque et Plénitude*, de J.-Y. LELOUP.

107. *Le Cercle de Vie. Initiation chamanique d'une psychothérapeute*, de M. Séjournant.
108. *Le Théâtre de la guérison*, d'A. Jodorowsky.
109. *Histoire d'âme*, de C. Singer.
110. *L'Âme de la nature*, de R. Sheldrake.
111. *Au nom de la vérité, Algérie 1954-1962*, de Mgr L. E. Duval.
112. *L'Art du kôan zen*, de T. Jyoji.
113. *L'Absurde et la Grâce*, de J.-Y. Leloup.
114. *Le Palais des arcs-en-ciel*, de T. Tcheudrak.
115. *Éloge du bon sens*, de M. de Smedt.
116. *En chemin vers le Bouddha*, d'O. Germain-Thomas.
117. *Pour comprendre l'intégrisme islamique*, de M. Gozlan.
118. *Le Rêve de Confucius*, de J. Lévi.
119. *Un art de l'attention*, de J.-Y. Leloup.
120. *Religions en dialogue*, de J. Mouttapa.
121. *Le Courage de se libérer*, de P. et P. Fenner.
122. *Histoire des Dalaï-Lamas*, de R. Barraux.
123. *Du Sahara aux Cévennes*, de P. Rabhi.

La composition de cet ouvrage
a été réalisée par Nord Compo
à Villeneuve-d'Ascq,
l'impression et le brochage ont été effectués
sur presse Cameron dans les ateliers
de ***Bussière Camedan Imprimeries***
à Saint-Amand-Montrond (Cher),
pour le compte des Éditions Albin Michel.

Achevé d'imprimer en avril 2002.
N° d'édition : 20240. N° d'impression : 021596/1.
Dépôt légal : avril 2002.